KB089684

삼 천 리
앙 케-트

삼천리 앙케-트

1929 —— 1942

만복당 편저

들어가며

이 책은《삼천리三千里》에서 여성과 관련된 주제, 여성들의 주체적인 목소리가 담긴 앙케트와 좌담회, 인터뷰 내용을 한데 모아 엮은 것이다.

《삼천리》는 일제강점기인 1929년부터 1942년까지 파인 김동환이 발행한 대중잡지로, 취미 중심의 오락지였지만 나름대로 품위를 잃지 않았다. 1938년 이후 친일 성향을 띠기도 하였으나, 각계의 명사들이 필진으로 참여하며 폭넓은 주제를 종합적으로 다루어 당대 최고의 인기 잡지가 되었다. 기생·여급·신여성·여학생 등 여성을 가십 기사로 다루기도 했으나 또 한편으로는 여성 운동에 우호적인 태도를 취해 여성 운동가들에게 지면을 할애했다.

수록된 기사에는 비판을 피할 수 없는 낡은 글과 지금 읽어도 참신한 글이 뒤섞여 있다. 이 책을 통해 조금이나마 합당한 조명을 받지 못한 일제강점기 여성들에 대한 재조명이 이루어지길 바라며, 모쪼록 당대 지식인들의 자유롭고 생동감 넘치는 글에서 당대의 문화를 만끽하며 즐거움을 얻기를 기원한다.

차례

일러두기

1. 원문을 최대한 그대로 살리려고 노력하였으나, 뜻을 해치지 않는 범위 내에서 표기 방식을 현대어에 맞게 수정했다.

2. 한자 표기 및 외래어는 되도록 우리말로 순화하였으나, 원문의 맛을 살려야 할 때와 한글만으로 의미가 모호한 경우에는 한자 또는 외래어를 병기했다.

3. 장편소설 및 단행본은 『 』, 개별 문학 작품은 「 」, 잡지와 신문은 《 》, 영화나 음악 등은 〈 〉로 표시했다.

4. 필요한 경우 독자의 이해를 돕기 위해 주석을 달았다.

삼천리 제1권 1호
1929년 6월 12일

돈 십만 원*이 있다면?

누가 돈 십만 원을 무조건으로 제공한다면 어떠한 일에 쓰겠습니까?

본부 회관 건축과 사업 자금에 쓰겠다

권동진(정치인·독립운동가)

돈 십만 원이 있으면 신간회 본부의 회관도 건축하여야 할 터이나 그보다도 더 급하고 중요한 것은 우리 회의 사업자금으로 쓸 일이외다. 물론 매사에 돈이 앞서지 아니하고 뜻과 같이 되어 주는 일이 적지만은, 더군다나 우리네와 같이 몸을 움직이는

* 1930년 당시 쌀 한 가마니의 가격은 약 13원이었고, 현재(2019년 1월 기준) 쌀 한 가마니의 가격은 약 19만 6천 원으로 지금의 시세와 비교해서 당시의 돈 십만 원은 대략 15억 정도이다.

범위가 까다롭게 제한되어 있는 곳에서는 더욱 돈이 귀한 것이니 그를 앞장세우지 않고는 일이 무척 어려워지고 날짜가 걸리는 터이외다. (중략)

그리고 내가 의미하는 그 사업자금이란 오늘 십만 원을 들이면 다음날에는 그 몇십 배, 그 몇백 배의 수확이 반드시 돌아오고야 말 그렇게 뜻있는 일에 쓰고자 함이외다. 십만 원 돈이 많은 것은 아니겠지마는 그만치라도 있으면 그만한 정도의 일은 되어 나갈 수 있겠지요.

준재 수십 명을 구미 각국에 파견하겠다

허헌(법조인·독립운동가·정치인)

나는 그런 돈 십만 원이 내 손에 들어온다면 조선에서 수재라고 일컫는 인물 삼사십 명을 뽑아서 영, 미, 불, 독, 노[露, 러시아], 이伊, 애란[愛蘭. 아일랜드], 토이기[土耳其, 터키], 인도, 서서[瑞西, 스위스], 체코, 호주 등 각국에 두세 명씩 파견하여 그 나라의 국가나 사회의 제도라든지 인정풍속이라든지 산업상태, 국민정신 등을 정밀히 조사 연구케 하겠습니다. 가령 일본에서 토이기 같은 나라에도 매년 유학생을 많이 보냅니다. 일본이 토이기로부터 무엇을 배울 것이 있어 그러겠습니까마는 그 나라 독특의 무엇이 있으므로 그것을 알려고 그러는 것이외다. 더구나 내가 각국을 돌아다니며 본 바에 의하면 노농 노서아[1917년 혁명 당시의 러시아]에서는 매년 우수한 조선소, 기계공장의 기술자 수십 명을 영미 제국에 파견하고 있으며 그밖에 영미, 독, 일 등 각국에서도 서로 우수한 인물을 뽑아서 저쪽 나라의 문명을 탐색 연구케 합니다. 더구나 우리같이 모든 것이 뒤져있는 처지에 있어서는 각국의 문명 정도를 정확히 알아둘 필요가 시급이 있는 동시에 우리 형편도 저쪽에 충분히 알려주어야 할 터인즉 그런 인물을 각국에 파송하는 것이 아주 급무인 줄로 알고 그런 돈이 생긴다면 준재 파견에 다 써버릴까 합니다.

독본을 인쇄하여 사백만 명에게 주고 싶다

이상엽(언론인)

오늘날 우리 조선에는 약 사백만 명이란 일자무식이 있는 줄로 압니다. 즉 사백만 명이라면 전 민족의 2할인데, 이 사람들을 어떻게든지 교육하여 놓는 것이 경세가經世家의 가장 급히 하여야 할 일인 줄 압니다. 나는 십만 원의 돈이 내 손에 들어온다고 하면 온전히 이 문맹 타파 운동의 자금으로 쓰고자 합니다. 그 방법은 약 백만 부의 독본을 인쇄하여 널리 배포하는 동시에 농촌의 지식 계급적 청년들을 모두 동원시켜서 우리글을 가르치게 하도록 하겠습니다. 얼른 들으면 십만 원이라면 큰돈같이 생각되나 실상 큰 사업에 쓰자면 그것이 여간 부족하여야지요. 가령 신문사나 큰 공장 하나를 경영한다 하여도 몇십만 원이 있어야 하지 않습니까. 더구나 일본의 예를 볼지라도 신문 경영에까지 이제는 대규모 자본가의 기업자금이 밀려들지 않고는 경영이 곤란한 형편에 있습니다. 그도 수십만의 독자가 있다면 방대한 자금을 필요로 하지 않고라도 해나갈 수 있으나 어디 조선 형편이 그러합니까. 그러므로 가장 기본적 사업인 문맹 타파 운동에 그 돈을 완전히 써버리고 싶습니다.

불우한 천재들을 교육시키겠다

한기악(독립운동가·언론인)

누가 돈 십만 원을 내 손에 쥐여 준다면 나는 조선의 불우한 천재들을 교육하는 사업에 쓰겠습니다. 이 말은 지금 새삼스럽게 하는 것이 아니고 나는 언제나 돈이 있어지는 날에 기어이 경영하여 보려고 복안을 꾸며가지고 있던 것이외다. 오늘날 우리 형편을 돌아다보면 급하게 하여야 할 일도 많지마는 이 천재교육의 사업도 실로 중하고 긴급한 일 가운데 하나인 줄 압니다. 학자[學資, 학비]가 없어서 훌륭한 천품을 타고난 청년들도 공부를 못하는 사람이 조선에 얼마나 많습니까? 중학교를 졸업하고 대학에 못 가는 이, 소학교를 졸업하고 중학교에 못 가는 수재, 이 모든 사람들을 교육시켜주는 것이 민족적 큰일인 줄 압니다. 물론 문맹 타파나 사회 교육화 같은 일도 좋으나 수만, 수십만으로 헤아릴 수 있는 불우 수재를 구제하는 것도 우리 앞에 큰 광명을 던져주는 좋고 시원한 사업인 줄로 압니다.

대학설립 기금에 쓰겠다

최규동(교육자)

내 손에 누가 돈 십만 원을 쥐여 준다면 나는 다짜고짜로 대학 설립의 기본금으로 그 돈을 쓰겠습니다. 오늘 우리들에게 우리가 만든 대학 하나가 없다는 것이 얼마나 부끄럽고 유감스러운 일입니까. 실로 오늘 우리들이 할 일이란 훌륭한 인물양성같이 급하고 중요한 일이 없는 터인데 지금 형편 같아서는 정말 한심스럽습니다.

그런데 대학 하나를 설립하자면 적게 잡아도 삼백만 원 돈은 있어야 할 터인데, 삼백만 원이란 십만 원 내는 독지가 삼십 명만 있으면 되는 일이 아니겠어요? 나는 벌써 대학 기지까지 마음속으로 정하여 놓았는데 그것은 저 동대문 밖 영도사永導寺 들어가는 용두리 벌판이외다. 그 너른 광장에다가 대학을 짓고 부속 중학과 소학교를 다 짓고 대학 시가市街를 만드는 것이구려.

일본 고베의 다키카와 중학교는 어떤 독지가의 칠백만 원 기부로 경영되어 나간다 합니다. 글쎄 중학교 선생까지 외국 유학을 시킨다는구려. 그러니 충실한 교육이 될 수밖에 없지 않겠어요.

그러나 전기 대학 계획이 너무 요원한 계획이라면 당장 나는 이런 일이라도 그 십만 원을 가지고 실행하고 싶습니다. 그것은 전문학교라도 하나 세우기로 하고 현재 각 중등학교에서 교편을 잡고 있는 두뇌 명철한 교원을 구미에 십 명가량 유학을 시키는 것입니다. 장래의 전문학교 교수 양성으로요. 그것이 좋지 않겠습니까?

민중 회관 건축과 각 도에 탁아소 설치

정종명(여성운동가·독립운동가·사회주의운동가·간호사)

나는 돈 십만 원이 있으면 민중이 모여 일을 의사[議事, 회의에서 일을 의논함]하는 큰 회관을 하나 짓고 그러고는 또 서울을 위시하야 각 도 중요도시에 탁아소 수십 개소를 설치하겠습니다. 그 이유는 가령 서울로 말할지라도 사람들이 많이 모일만한 집회 장소가 없는 것은 아니지만 대개 소유자가 천도교라든가 기독교, 불교단체가 되어 재미가 적습니다. 그러니 민중이 항상 쓸 수 있고 그러고도 아무 이상한 공기도 받을 수 없는 그런 큰 회관을 지어 놓는 것이 매우 필요한 일인 줄로 알며, 둘째 탁아소는 근래에 우리 조선 여성들이 공장 같은 데로 노역을 나오는 자가 매우 많게 되었습니다. 그래서 항상 어린아이들 때문에 괴롬을 많이 받고 있는 형편인즉 공장지대마다 노동 부인의 자녀들을 일시일시 맡아 보아줄 탁아소를 설치하고 경영하여 가는 일이 필요한 일인 줄 압니다(고아원과는 전혀 다르지요).

그런 뒤 만일 여재[餘在, 남은 돈]가 있다면 조그맣게라도 일천만 여성을 위하야 부인신문 같은 것을 경영하여 나가고 싶습니다.

영화 제작과 극장 경영을 하겠다

박영희(시인·소설가·문학평론가)

영화와 연극운동은 온갖 예술운동의 부문 중에서도 민중에게 가장 큰 효과를 끼쳐 주는 점으로 보아 우리들이 반드시 전력을 다하여 하지 않으면 안 될 길인 줄 안다.

그런데 겨우 십만 원 돈을 가지고 그렇게 큰 사업을 완전하게 해나갈 수 있으랴마는 우선 그 돈이면 극장은 남이 지어 놓은 것을 세를 주고 빌려 쓸 셈을 잡고 그중 몇만 원쯤을 떼어 우수한 연출자, 무대 배우, 기타 모든 기술자의 양성을 하는 동시에 극작가를 물질적으로 우우[優遇, 후하게 대접]하여 시대 민중을 지도할만한 역작을 내게 할 것이요. 또 그중 수만 원을 들여 실제 연출의 비용에 쓴다면 몇 해 동안은 훌륭하게 극운동을 해나갈 수 있을 것이다. 더구나 근소한 비용으로라도 할 수 있는 이동 극반을 여러 반 조직하여서 공장, 어장 등 근로대중의 집단처로 돌아다니면서 연출하여도 좋을 것이다.

그러고 나머지 수삼만 원을 가지고는 얌전한 스튜디오나 설치하고 영화배우나 양성하여 크게 영화를 제작하여 그 제작된 영화를 가장 효용이 있을 방법으로 널리 대중에게 전하고 싶다. 이 운동은 돈만 있으면 되는 일들이다. 나는 확신을 가지고 그날이 오기를 바란다.◆

삼천리 제1권 1호
1929년 6월 12일

내가 다시 태어난다면?

아주 가난한 농민 노동자의 자녀로

최학송(소설가)

이렇게 옳지 못한 세상이 내세까지 갈 리가 만무하고 또 불도佛徒가 아니거든 어찌 내생을 꿈꾸랴마는, 만일 내가 죽어서 다시 영아로 태어날 수 있고 또 그때 세상도 오늘 세상과 같아지리라고 가정한다면 나는 주저 없이 아주 가난뱅이의 농촌 아이로 태어나겠다.

내가 이 세상에 태어난 곳을 말하면 보잘것없는 조선 땅이고 문벌이나 돈도 없는 가난한 집안의 자녀이었던 관계로 삼십도 채 못 되는 오늘날까지에 벌써 갖은 고생을 겪어 왔건마는 그래도 나는 내 고생이 아직 부족한 것같이 생각된다. 아주아주 그야말로 초근목피[草根木皮, 맛과 영양이 없는 거친 음식을 이르는 말]로 겨우 살아가는 그런 농가에 태어나서 이 세상의 최하층 계급인으로 겪어야 할 온갖 고통을 다시 한번 맛보아 보고 싶은 생각이 불붙듯 일어난다. 그런다면 나의 정신에는 크나큰 불꽃이 튀고 의식상에도 놀라운 비약이 있을 터이련만.

그런 뒤에 뼈에 사무치는 이 실제의 체험을 토대로 하고 불쌍한 이들의 해방운동에 뛰어나가고 싶다. 내가 지금 처하여 있는 이 인텔리겐치아[지식층]라는 지위가 여간 미지근한 것인가. 그러면서도 나는 이 자리를 용이히 떠나지 못하고 만다. 이 무슨 사내답지 못한 일인고.

아무렇게나 나는 다시 이 세상에 태어날 기회가 있다면 아주 가난뱅이의 농민 혹은 노동자의 아들로 태어나고 싶다.

부자도 다 싫다, 역시 지금 같은 일꾼으로

정칠성(여성운동가·사회주의운동가·정치가)

나에게 꿋꿋한 의식이 서기 전인 옛날 같았어도 여러 가지로 성가신 일을 당할 때마다 '에그, 차라리 사내로 태어났다면.' 하거나 혹은 '같은 여자라도 백만장자의 외딸로 태어나서 쓰고 싶은 일에 돈을 마음대로 써보았으면!'하고 철없는 공상도 가끔

하여 보았지마는, 일단 이 사회를 알고 또 이 사회에 대한 나의 지위와 의무를 깨달은 뒤부터는 생리적 조건 같은 것은 아무 문제가 아니 되었습니다. 그까짓 사내로 태어나면 어떻고 여자로 태어나면 어떠합니까? 여자라고 사내들이 할 일을 못 하란 법이 어디 있습니까. 우리의 당면한 일은 사내가 더 잘하고 여자가 더 못하란 법이 없는 그런 엄숙한 일이외다.

그리고 돈은 있어 무얼 하며 또 없으면 어떠합니까. 모든 것은 우리 앞에 문젯거리가 아니 됩니다. 있어도 살고 없어도 살겠지요. 다만 피 있는 인간이면 누구라도 뛰어들고야 말 그 일에 우리 몸을 바칠 생각만이 있을 뿐이겠지요.

그러기에 나는 내세도 부럽지 않고 더구나 달리 태어나고 싶은 생각도 없습니다. 만일 기어이 다시 한번 태어날 수 있다고 생각이라도 하여 보자면 역시 지금 모양으로 태어나서 (중략) 사람이 되고 싶습니다. 그야 서양 여자로 태어나거나 아라비아 야만 인종의 여자로 태어나거나 상관이 있겠습니까? 다 같은 일을 할 바에야.

정력절륜한 위장부 되고 싶다

유광렬(언론인·정치인)

만일 내세가 있어서 우리가 다시 한번 태어난다면 나는 짐승도 싫고 더구나 목숨이 없는 산천초목이 되기는 아예 싫고 역시 인생으로 또 사나이로 태어나고 싶다.

사람 중에도 공자나 석가 모양의 성인聖人으로 태어나고 싶지는 않다. 원래 성인이라 함은 지식이 일반에게 잘 보급되지 않은 몽매한 시대에 먼저 깬 한두 사람들을 가리켜서 부르는 이름이라. 뒷날에는 성인이란 있을 수도 없는 일이겠고 또 되고도 싶지 않다. 그러나 나는 이생에서 약한 휴질休質을 타고났다. 이것이 얼마나 원한이 되는지 모르겠다. 그러므로 내생에는 제발 선천적으로 정력이 절륜한 사람으로 태어나서 마음껏 인류를 좋은 길로 이끄는 큰 사업에 이 몸을 바치고 싶다. 정력절륜이란 뜻은 생리학적으로 말하면 뇌의 중량이 무겁고 뇌장[惱醬, 뇌척수액]이 많고 세포의 작용이 활발하야 무슨 일이든지 오래 할 수 있고 대담하게 용감하게 나아갈 수 있는 그런 것을 가리킨다.

끝으로 나는 이 생에서 부잣집에나 귀족 집안의 도련님으로 태어나지 못한 것을 한으로 아니 여긴다. 만일 내세에까지 계급사회가 있다면 그때에도 나는 역시 가난한 농군의 아들로 태어났으면 좋겠다.

절세미인으로 태어나고 싶다

차상찬(시인·수필가·언론인)

나는 다시 세상에 태어난다면 여자가 되어서 열렬하게 여성 해방 운동에 종사하고 싶다. 여성들 중에서도 조선 여자들을 바라볼 때에 밤낮 꾀죄죄하게 살아가는 그 꼴이 남의 일이라도 실로 화증이 나고 안타까워 못 견디겠다. 그것이 비록 사회가 주는 무지 때문에 그렇게 되었다 할지라도 그 여자들을 깨우쳐주는 참다운 여성 해방 운동자가 조선에 좀 더 많았더라면 그렇게까지야 참혹하게 아니 되었을 것이다.

실로 남성의 해방도 크지 않은 일은 아니나 여자의 경제적·사회적 해방도 오늘날의 급무요, 또 가장 큰 일인 줄 안다. 그러기에 나는 같은 여성으로 태어나서 동성의 해방 운동에 이 뼈와 이 피를 바치고 싶다.

그는 그렇거니와 또 나는 가끔 이러한 생각도 하여본다. 그것은 절세의 미인으로 태어나서 모든 사내의 가슴 울화를 풀어 주었으면…. 실로 내가 행인지 불행인지 사내로 태어나서 가끔 마음에 드는 미인들을 만날 때가 많으나 그럴 때마다 뜻과 같이 일이 되어 주지 않은 까닭에 얼마나 가슴이 타고 쪼였는지 모르겠다. 그럴 때마다 "에라 요년 인생이 얼마라고 그렇게도 심하게 남에게 못 할 짓을 한담."하고 웅얼거린다. 그러므로 나는 절세미인으로 환생하여 모든 사내들의 마음을 기쁘게 하여 드릴 그런 생각을 하여 보는 때가 많다.◆

삼천리 제1권 2호
1929년 9월 1일

《적련赤戀*》 비판, 꼬론타이[콜론타이]의 성도덕에 대하야

정칠성(여성운동가·사회주의운동가·정치가)

기자 세계의 평론계와 사상계를 그렇게도 몹시 흔들어 놓던 노서아[러시아]의 꼬론타이 여사의 소설《적련》, 기타 여러 가지 양성 관계의 신도덕 문제에 대하야 조선의 여류사상가들은 너무도 안타깝게 침묵을 지키고 있기에 오늘은 분개하여 그 비판을 들으려고 왔습니다. 우선

* 러시아의 여성 해방론자이자 정치가인 알렉산드라 콜론타이(Alexandra Mikhailovna Kollontai, 1872-1952)가 1924년에 발표한 소설. 사회주의적 자유연애에 대한 내용을 담고 있다.

꼬론타이 자신이 이런 말을 한 일이 있지 않습니까. 즉 오늘날 모든 성인 부인들의 할 일이란 결코 밥을 짓고 옷을 빨고 또 육아하는 등의 가정적 의무만을 다함에 있지 않고 오히려 그것보다도 더 중하게 더 급하게 가난하게 사는 여러 사람들과 같이하여야 할 그 사회적 의무가 더 크다고요. 그러니까 일상생활상에 있어서도 가정적 의무와 그 사회적 의무가 많이 충돌이 될 터인데 만일 그런 경우이면 조선 여성들은 어느 쪽 의무를 더 따라야 옳겠습니까. 또 칠성 씨 자신은 어느 쪽에 기울어지겠다고 생각하십니까?

정　그야 여자란 병풍 속에 그린 닭같이 인형의 집 안에 고요히 들어앉아서 밥이나 먹고 잠이나 자던 옛 시대에는 가정 이외에 또 남편 이외에 더 소중한 것이 없어서 여성의 의무란 거의 그 가정적 의무를 다하는 것이 전부였겠지요. 그러나 급격한 호흡을 쉬고 있는 현대 같은 어느 과정에선 사회에서는 여자의 동원을 절실히 요구하고 있습니다. 큰일에 나와 달라고, 희생하여 달라고 간청하고 있습니다. 우리들이 어떻게 이 청을 물리칠 수가 있겠습니까. 그것이 떳떳한 의무인데요…. 어쨌든 가정은 '소小'한 것이외다. 사회는 '대大'한 것이다. 그러니까 으레 우리들 신여성이 나아갈 길이란 분명하지 않습니까.

기자　만약 집안일을 아니 본다고 남편이 이혼이나 덜컥 해 버린다면? 즉 쫓아내 버린다면?

정 딴은 그렇더래도 사회의 의무를 더 중하게 여겨야 옳을 터이나 조선의 형편에 그렇게 되면 여성들이 당장 의식주할 곳이 없게 될 터이니까 되도록은 남편에게 배반을 아니 받을 정도로 사회 일을 하여 나가야 할 것인 줄로 압니다. 또 평소의 수양 여하로 반드시 가정적 의무와 사회적 의무가 충돌이 아니 되고라도 조화되어 나갈 수 있을 줄로 압니다.

기자 그래도 남편이 "너는 시끄럽게 사회 일을 하고 다니지 말어라."하고 제한한다면?

정 그렇다면 그 가정을 뛰쳐나와야 하겠지요. 남편보다 일과 동지가 더 중하니까요.

기자 네, 좋은 말씀을 들었습니다. 그러면 꼬론타이가 "연애와 성욕은 별문제이다. 연애라는 것은 굉장히 시간이 드는 일인데 오늘날 우리들과 같이 사회운동을 할 난에, 공부를 할 난에, 투쟁을 할 난에 하야 한가한 틈이 없는 사람이 무슨 연애를 할 수 있으랴. 그저 생리적 충동을 위하야 성욕의 만족을 잠깐잠깐 얻을 길을 구하는 것이 더 필요한 일이다!"라고 부르짖었는데 그 말이 옳습니까?

정 현실을 잘 본 말이외다. 성욕과 연애는 갈라야 하겠지요. 그리고 결혼의 자유, 이혼의 자유가 아주 완전하게 없는 곳에서는 그리 밖에 더 어떻게 하겠습니까?

기자 그러면 여자의 정조 관념 즉 순결성을 아주 무시하는 결과가 아니 되겠습니까.

정　(한참 생각하다가 머리를 숙이며)모르겠어요. 그러나 너무 정조를 과중 평가할 필요까지야 없겠지요.

기자　그러면 '연애는 사사私事라.' 즉 개인의 일인즉 어쨌든지 좋다는 소위 연애사사설에 대하여는?

정　그럴 수가 없겠지요. 연애 그 물건은 개인 관계의 일일는지 모르겠지마는 연애라는 현상이 일어나기 때문에 사회에 영향을 끼쳐 놓는 일이 많지요. 즉 우리 근우회를 말할지라도 그렇게 일들 잘하던 투사가 한번 결혼하여 가정에 들어가 버린 뒤는 여성 운동이 그만 뒷전이 되어 버립데다. 이것은 순전히 개인의 연애 생활이 계급 투쟁력을 미약하게 하여 놓는 실례이외다. 아까 말한 가정적 의무에 눌려 사회적 의무를 그만 등한히 하는 것입니다. 그러니까 개인의 연애는 결코 사사가 아니 되겠지요. 사회는 그 개인의 연애를 감시도 하고 간섭도 하고 비판도 하여야 하겠지요. 적어도 특수한 어느 공인들에 대하여는.

기자　네, 알았습니다. 그러면 만일 결혼생활을 하다가 연애가 사라질 때에는 단연히 헤어져야 하겠습니까?

정　헤어져야 하겠지요. 사상도 다르고 사랑도 없는 허위와 기만의 생활을 어서 깨트려야 하겠지요.

기자　그런 때의 이혼은 독신주의를 위하여서요?

정　아녀요. 새로운 결혼생활에 들어갈 준비로요.

기자　만일 이혼하는 그때에 《적련》의 왓시릿샤[바실리사]같이 여자가 잉태나 하였다면 아비 없는 자식과 또 생활이 어려운 관계로 그 밴 어린 것은 타태[墮胎, 낙태]하여 버리는 일이 옳지 않을까요?

정　아녀요. 그것은 큰 죄악이지요. 남녀 결합의 원칙이 성적 충동에도 있겠지마는 종족 보존에도 그 목적이 있는 이상 왜 낳을 자식을 없이 하겠습니까. 오직 잘 키울 도리를 하여야 하겠지요. 그 왓시릿샤같이 조금도 슬퍼하는 빛이 없이 육아원을 설치하여 제 자식이고 남의 자식이고 잘 길러내야 하겠지요. 또 왓시릿샤의 신시대적 모성애라 하는 것은 제 아들만 위하여 육아원을 설치하는 것이 아니라 모든 천하의 아이들을 위하여 그리하는 점이외다. 얼마나 빛나는 일입니까.

기자　그러면《적련》의 비판을 더 계속합시다. 첫머리에 왓시릿샤가 "벌써 나는 처녀가 아녀요. 키스를 말어 주시오."하고 그 애인의 사랑을 물리치는 마당이 있는데 사내는 그때에 "설혹 그대에게 옛날의 애인이 있었다 할지라도 그는 벌써 지나간 과거의 일이라 과거는 어쨌든지 좋다."하고 끝끝내 결혼하여 버리지 않았습니까. 즉 이와 같이 순결성을 우리들은 별로 문제 삼지 말아야 할까요?

정　대답하기 좀 거북합니다. 말을 한대야 아직 우리 조선 사회가 용납하여 주지 않을 터이니까요.

기자　그러면 그다음으로 또 넘어갑시다. 그래서 그 사람의 아내가 된 왓시릿샤가 별거하다가 몇 달 만에 돌아오니 남편 방에 간호부의 웃옷이 걸려 있었다. 그것은 남편과 간호부의 성적 관계를 설명하는 것인데 그때 왓시릿샤는 종래의 부인들과 같이 울고 불며 질투하지 않고 '오냐 남편은 성적 고민으로 그리한 것이리라. 만일 내가 별거 아니 하였던들 남편은 그런 죄를 범하지 않았으리라.' 하야 아주 용서하여 주는 일이 있는데 이것은 어떠합니까.

정 역시 제 말은 조선 사회가 허락지 않을 터이니 차라리 입을 다물겠습니다.

기자 또 남편이 값비싼 비단 옷감을 아내에게 사주는 것을 왓시릿샤는 "우리 여공들에게 그것보다 무명옷이 더 좋다."고 받지 않는 대목이 있는데 그것은?

정 물론 그래야 하겠지요. 사치는 인종지말人種之末들이나 할 것이니까요. 프롤레타리아의 세계에는 사치라는 이름이 없습니다. 좌우간 우리들이 새로운 양성 관계를 세우려면 무엇무엇 하여도 경제적 독립부터 얻지 않으면 다 헛일이 됩니다. 그러나 어떻게 하면 이 남성 중심의 가족제도를 뛰어넘어서 경제적 독립을 얻을까 하면 이 자본주의 사회에서는 매우 곤란한 일입니다. 그러기에 우리들의 최후의 말은 언제든지 무산자의 해방이 없이는 부인의 해방이 없다는 말 한마디가 있을 뿐입니다.

기자 옛날에 《인형의 집》의 노라가 해방이 되었다는 것과 《적련》 속 왓시리샤의 해방이 되었다는 것이 어떻게 다릅니까?

정 노라는 개인주의적 자각이었지요. 그래서 그는 개성에는 눈을 떠서 눈보라 치는 날 밤에 남편인 변호사의 집을 뛰어나오지요. 그러나 그는 어디 가서 무얼 하고 살아갑니까. 가두에 나가 굶어 죽고 얼어 죽는 '해방'은 해방이 아니겠지요. 그러니 경제적으로 해방을 얻지 못하면 다 소용없는 일입니다. 노라 같은 여성은 공상적 여성이 아니면 해방이 조금도 되지 못한 여성이지요. 그 대신 왓시릿샤는 이상에 말한 바와 같이 모든 것에 철저하게 자유스럽게 되지 않았습니까.◆

삼천리 제2권 1호
1930년 1월 11일

과거 십 년에 한 일, 장래 십 년에 할 일

1. 과거 십 년에 한 일, 장래 십 년에 할 일
2. 내가 좋아하는 인물은?(성격상, 사상상으로)
3. 나의 죽을 길 예상(와석종신[臥席終身, 제명을 다하고 편히 누워서 죽음], 정사[情死, 사랑하는 남녀가 그 뜻을 이루지 못해 동반 자살함] ,자살, 아사, 형사刑死 등)
4. 노벨상이 조선에 온다면 누가 받을까?
5. '갱소년[更少年, 심신이 다시 젊어짐]'과 '백만장자'와 '절세가인과의 연애'가 만일 된다면 어느 것을 택할까.

《조선일보》 안재홍(정치가·사학자·독립운동가)

1. 과거 십 년간에 이렇다 할 일을 한 바가 없습니다. 시간으로 보아 40개월 넘게 옥중에, 15개월 넘게 향중鄕中에 유폐幽閉한 생활을 하였고, 그다음이 현재하고 있는 신문사 생활입니다. 벌써 제7년을 맞는 기자 생활을 근거로 한 생활이 아무 전환될 바 없어 보입니다.
   장래에 십 년간은 알 수 없는 그때까지 이 생활할 것은 어김없을 것이오. 기자로서 수확이 있어야 할 일, 즉 독서 연구로서 침전물 건더기를 남기어야 할 일이 하나이오. 그 외의 것은 말부터 앞세우는 과오를 나는 아니 범하겠습니다.

2. 이 대답은 어렵습니다. 자아에, 민족에, 그리고 인생에 성의 가지고 살아 나아가는 이가 제일 좋습니다. 즉 현하 조선의 역사적 과정에서 가장 견실한 현실에 입각하야 엄정한 방책을 탐구, 수립, 고조하면서 광구[匡救, 잘못된 것을 바로잡음]의 업을 최대한에까지 해보려는 책임감 날카롭고 또 견식이 높은 인물이 제일 좋습니다. 완전치 못하오면 근사한 이라도 좋습니다. 재간이 부족하거든 성의만이라도 있는 이가 좋습니다.
3. 자살은 절대로 없습니다. 정사도 없을 것을 보장하지요. 그 외에는 모두 운명에 부쳐 두십시다.
4. 노벨 상금이 어느 분에게로 갈는지는 좀 고려를 요하는데 지금은 조끔 고려할 틈이 없습니다.
5. 요대腰帶 십만 전錢하고 승학乘鶴, 하양주下揚州*하는 욕심꾸러기 노릇을 하려면 갱소년이 된 후에 백만장자가 되어 가지고 절세미인과 연애를 하는 것이 꼭 소원이겠는데, 그리한다면 염라왕이 왕위를 내던지고 그것을 대신 차지하려고 나를

* 송나라 때 《고금사문유취古今事文類聚》의 〈학조〉편에 실린 '요대십만관腰帶十萬貫 승학하양주乘鶴下楊州'에서 비롯된 말이다. 옛날에 네 사람이 모여 각자의 소원을 말했다. 어떤 사람은 양주의 자사가 되고 싶다고 했고, 어떤 사람은 재물을 많이 얻기를 바랐으며, 어떤 사람은 학을 타고 하늘을 나는 신선이 되고 싶다고 말했다. 그러자 마지막 사람은 자신은 양주의 자사가 되어 십만 관의 돈을 허리에 차고 학을 타고 하늘로 올라가고 싶다고 하였다. 이처럼 이룰 수 없는 욕심을 이르는 말이다.

박해할 것이니 아따 백만장자가 되기로 하지요. 주의 관철은 즉 인격의 완성, 인격의 완성은 즉 자금의 운용인 까닭입니다.

《동아일보》 이광수(소설가, 언론인)

1. 나는 불행히 병약한 몸이라. 과거 십 년간에 한 일이라고는 병 앓는 일이 대부분이었던 듯합니다. 만일에 몸이 이토록 약하지 않았던들 정치적·사회적으로 무슨 활약이라도 꾸준히 하지 않았겠습니까. 그동안에 『단종애사』 등 소설, 시가를 쓴 것도 이를터이면 앓는 몸이매 의약의 자[資, 비용]를 얻기 위하여 부득이 쓴 것이 태반이었습니다. 수양동우회도 처음 창립할 때에는 건전한 이곳 청년들을 많이 양성하기 위하여 노력하려 하였으나 그도 병 때문에 뜻과 같이 되지 못하였습니다.
   그리고 십 년 동안 붓대를 든 가운데 기억할 만한 일은 「민족적 경륜」과 「민족개조론」을 쓰고 필화[筆禍, 발표한 글이 사회적으로 문제를 일으켜 제재를 받음]를 당하던 일이외다. 「민족적 경륜」은 7, 8년 전 《동아일보》에 사설 형식으로 닷샌가 엿새 동안을 계속하여 쓴 것인데, 그것이 그때에 반대를 당하였음은 아마 시기가 일렀던 관계가 아니었을는지요. 지금의 어느 단체의 강령과 사업도 그에 유사한 듯이 해석이 되는 터이외다.
   또 장래 십 년에 할 일이란 역시 나는 붓을 들지요. 붓을 들고 신문기자 노릇을 할 것이요, 또 한편으로 소설을 꾸준히 써나가려고 작정합니다.

2. 나는 국내 국외 할 것 없이 우리 사람들 중에는 도산 안창호 선생을 존경합니다. 실로 그이같이 고결한 인격자를 아직껏 뵙지 못하였습니다. 그 어른은 실로 놀라우리만치 정직으로 일관하시었음이 더욱 경애하는 마음을 일으키게 하더이다. 외국 사람으로는 톨스토이가 좋습니다. 예술가로도 좋을뿐더러 사람됨으로도 끝없이 좋은 이로 압니다. 이 밖에 석가, 야소[예수]도 좋은 이인 줄 압니다. 원래 나는 야소교[기독교]의 세례까지 받은 관계이겠지마는 틈만 있으면 성경 읽기를 좋아합니다. 불경도 좋구요.
3. 현재 병자이기 때문에 와석종신 이상의 종신終身을 할 기회가 없을 것이외다.
4. 나 자신이라고 하여 두리까. 가가[呵呵, 껄껄]. 좀 천천히 왔으면 좋겠구만요….
5. 세 가지를 다 원합니다. 그중에도 고르라 하면 병든 몸이매 갱소년을 한 번 하여 보고 싶소이다.

《중외일보》 민태원(소설가·언론인)

귀사의 기발한 5개조의 질문에 회답하는 광영에 답코자 합니다.

1. 나는 과거 십 년간을 신문기자로 지내 왔으며 그동안 내 딴은 우리 사회의 문화 향상을 위하야 또 우리 민족을 (생략) 인도하기 위하야 최선의 조력을 하겠다고 생각하여 왔습니다. 그러나 나의 노력한 결과가 나의 희망한 바와 일치된 여부는

다만 송구스러운 생각으로 제3자의 비평을 기다릴 뿐입니다. 장래할 십 년간에 하고 싶은 일로 역시 밟아온 길에 대하야 더 충실하고 정량精良한 일꾼이 되기를 희망합니다.

2. 내가 그 성격상으로 보아서 숭배하는 인물은 이충무공이요. 좋아하는 사람은 소방불기[疏放不羈, 소방하고 얽매이지 않음]하야 일호의 진루[塵累, 세상살이에 연관된 너저분한 일]를 머무르지 아니하는 정수동*입니다. 이공李公은 정대하고 관인寬仁하고 성실하고 능력을 구비한 사람이라는 점에 있어 내가 숭배하고 있는 것입니다.

3. 정사와 자살 같은 것을 하기에는 나의 성격이 너무도 이지적이며 객사를 할지 아니할지를 예지할 사람은 관상쟁이 이외에 알 사람이 없을 것입니다. 기사[飢死, 굶주려 죽음]라는 것은 사지가 성한 사람으로서는 용이히 희망하여 얻지 못할 기회일 것이요, 형사를 하고 아니할 것은 우리네 같은 환경에 있는 자로서 유무간에 단언함이 경솔할 것 같습니다. 별일이 없으면 와석종신은 보통 사람의 기대이겠지요.

4. 노벨상을 조선에서 탈 사람이 있다면 그는 이 5개조의 설문을 생각하여 내신 《삼천리》사의 어떤 분이실 것이외다. 왜 그러냐고요? 이러한 기발한 질문을 발하는 이는 천재라 일컬을 것이요. 과연 천재이고 보면 노벨상을 타낼 가능성이 충분한 것입니다. 그리고 그는 나의 이 농담까지도 용서하실 아량이 있을 것을 확신합니다.

---

* 수동은 조선 후기 시인 정지윤(1808-1858)의 별호이다.

5. 나는 두말없이 절세미인과의 연애를 고르겠나이다. 그 이유를 말하라고요? 현대에 있어서 절세미인과 연애할 자격자는 물론 백만장자의 청년 진사縉士일 것인즉 이것만 선택하면 일거삼득이 염려 없음을 확신하는 까닭입니다.

근우회 위원장 정칠성(여성운동가·사회주의운동가·정치가)

1. 나는 과거 십 년간을 사회적·경제적·가정적으로 몹시 학대를 받고 있는 조선 여성을 건지기에 애쓰노라고 하였습니다. 그래서 근우회가 된 뒤부터는 비록 부족한 힘이나마 정성만을 다하여 그에 이 몸을 바치기를 게을리하지 아니하였습니다. 물론 그 성과에 대하여는 딴 분의 비평에 맡기는 터이오나. 또 앞으로 십 년간은 하고 싶은 일이 하도 많습니다. 그동안에 얻은 실지 경험을 토대로 하여 금후 십 년간은 그야말로 사는 보람이 있게 사업에 힘쓰려 합니다. 그래서 작더라도 저는 제가 맡은 여성운동의 부문만을 굳세게 지키고 빛나게 꾸며 나가려 합니다.
2. 나는 남자나 여자나 책임 관념이 굳세고 자기 맡은 일을 완전하게 해나가는 그런 인물을 좋아합니다.
3. 미리 제가 죽을 자리를 어떻게 예측할 수가 있겠습니까, 더구나 새파란 청춘에. 그러나 이렇게는 대답할 수 있을 줄 압니다. 즉 정사와 자살은 나의 사상상, 의식적으로 절대 피할 것이며 기사는 혁명 전의 로서아[러시아] 기근 같은 대기근이 들지 않는

한에는 염려 없을 것이요. 또 와석종신할 팔자는 될 것 갈지도 못하니 구름이 끼고 바람이 몹시 불 우리들의 앞날을 바라다볼 때에 나의 죽음을 명언하는 것은 피합니다마는 좌우간 정사, 자살, 아사, 와석종신이 모두 아닌 그 밖에의 어떤 죽음이 될 줄 압니다.

4. 노벨상은 그것이 문학상이든지 이학상이든지 간에 조선 민중을 이롭게 하는 그런 재인에게 주어야 옳을 줄 압니다. 문학상 같은 데는 아마 박영희 같은 분이 가깝겠지요.
5. 욕심이 많아서 그런지는 모르지만 저는 갱처자更處子도 좋고, 백만장자도 좋고, 절세호남자와의 연애도 좋습니다. 그 중에도 그 중에도 제일 좋은 것이…. 역시 갱처자, 백만장자, 절세남자와의 연애 등 세 가지외다.

김동인(소설가)

1. 나의 과거 십 년간에 한 일로는 사회적으로는 문예 사업, 개인적으로는 전반기는 방탕, 후반기는 관개 사업 시작에서 그 실패까지. 장래 10년간은 사회적으로는 문예 사업, 개인적으로는 나의 두 소생의 양육—이것이다.
2. 숨김이 없는 사람.
3. 나는 죽음을 생각해 본 일이 없다. 이전에 내가 병상에 누워 의사의 오진으로 복막염이라는 선고를 받고 친구들이 어두운 얼굴을 하고 있을 때도 나는 속으로 코웃음을 하였다.

4. 노벨 문학상을 조선 사람으로서 받을 사람이 있다 하면 당연히 나이다.
5. 파산 전의 나라면, 갱소년, 백만장자, 미인과의 연애 3자 중에 당연히 제3을 취할 것이다. 파산 직전과 직후는 백만장자를 취할 것이다. 나이 서른이 넘어선 지금에는 갱소년을 가장 취하고 싶다. 그러나 독신생활 만 2개년 여를 지나 성적 불만 때문에 온 신경이 바늘 끝같이 날카롭게 된 지금에는 절세미인은커녕, 박색과라도 연애 생활을 하여보고 싶은 생각도 없지 않다. 3자를 다 취하는 편이 가장일까.

배성룡(언론인·사회주의운동가·독립운동가)

1. 아직까지 나는 장래의 활동을 예기하는 준비과정에 있습니다. 과거의 노력이 서책으로, 실지의 훈련으로 오직 자신의 수양을 축적함에 불과한 것이니 금후에도 이 현상은 상당한 시일 동안 계속될 줄 압니다.
2. 그 생활 특히 사회생활을 정으로써 보다 이지로써 지배하야 가는 사람을 좋아합니다. 그러므로 비록 다정하고 싹싹하지 않더라도 신의 있고 책임감 있는 사람을 사귀고 싶습니다.
3. 최후의 죽음이라는 것은 반드시 경우에 따를 일이오. 특별한 예감이나 기대를 가질 바가 아니라 합니다. 그러므로 소극적 견해로써 스스로 목숨을 버리는 일은 절대로 없으리라 믿습니다.

4. 조선 사람으로서 사계[斯界, 그 분야]에 특별한 공적을 나타낸 이가 있는지 없는지를 모릅니다. 따라서 받을 만한 이도 판단치 못합니다.
5. 그 우열을 좀 더 세밀히 비교한 후에 답하겠습니다.

보성전문학교장 박승빈(법률가·교육자·국어학자)

1. 과거 23년간 생활은 조선어학 연구 그것입니다. 장래 십 년간? 아니 일생에 할 일도 또 그것으로 결정되어 있습니다.
2. 신의에 강한 사람을 좋아합니다. 그러하고 이름 숨은 지사志士에게 절합니다.
3. 생과 사는 인류의 간섭할 범위 외라고, 오직 하늘님에게 일임된 것이라고 이것이 나의 관념입니다. 그로 인하야 예감도 기대도 없습니다. 공상적 희망으로는 전사戰死를 가장 동경하지마는 나에게는 연이 먼 것 같습니다.
4. 노벨상 나는 그 수상자를 고사[考査, 자세히 생각하고 조사함]할 지식이 없습니다.
5. 웃음거리 같은 이 문제(실례에 용서를 빕니다) 세 가지의 욕망에 대하야서 비교적으로 채점을 하야 보겠습니다.
一. 갱소년 80점, 二. 절세가인과의 연애 65점(이성으로는 무가치), 三. 백만장자 60점.

《중외일보》 이정섭(언론인)

1. 과거 십 년간에 한 일이요? 억지로 대답하라면 칠 년간은 불란서[프랑스]에서 내 자신의 일을 하였다는 것과 조선 돌아와 삼 년간은 내 딴으로는 조선을 광명으로 향하게 하기 위하야 다소간의 노력을 마지아니하였다는 두 가지쯤 됩니다마는 모두가 변변치 못하다는 것을 자각하게 쯤 되는 것만은 유감입니다. 장래 십 년간 할 일이요? 장래 일을 확언하면 귀신이 웃습니다! 그래도 한 가지 일만은 꼭 하려고 합니다. 이것은 시간이 말하겠지요. 지금은 함구령하에 있습니다.
2. 보통 사람은 능히 하지 못할 획세기적 기발한 일과 사상의 건설자를 좋아합니다. 몇 개의 예를 들면 군인으로는 내파륜[奈破崙, 나폴레옹], 정치가로서는 크롬웰, 레닌, 무솔리니 등이오. 학자로서는 매거할 인물이 너무나 많습니다. 칸트, 마르크스, 아인슈타인, 볼테르, 루소 등등.
3. 와석종신을 기대합니다마는 객사할 예감도 없지 않습니다. 정사는 나이, 성격으로는 거의 절대 불가능이라 믿습니다. 다만 마흔도 못된 나로서 절대불가능이라 믿습니다. 다만 마흔도 못 된 나로서 절대 불가능이라 말할 수 없으므로 '거의'라는 부사로 어세를 낮추었을 뿐입니다. 기사는 못 하리라 말할 수 없습니다. 왜 그러냐 하면 음식을 잘 먹으면 앞으로 사십을 살 사람도 음식을 잘못 먹는 까닭에 사십을 다 살지 못한다면 그 역시 일종의 기사이니까요. 형사는 신문에 논설쯤 써가지고야 어찌 감히 바라보겠습니까. 자살의 가능성은 충분히 있습니다.

그 가운데도 육혈포 자살이 제일 이상적인가 합니다.

4. 노벨상이 조선에 온다면 누가 타야 옳겠습니까라구요? 대체로 백 년 이후에 말씀입니까? 혹은 천 년 이후에 말씀입니까? 그야 내가 알 수 있습니까. 그러나 현재에는 탈 사람이 하나도 보이지 않습니다.
5. 갱소년은 희망치도 않습니다. 왜 그러냐 할 것 없이 원래 천재 아닌 나로서 갱소년했대야 별로 신통할 것이 무엇 있겠습니까. 제가 만일 백만장자로서 절세미남자라면 절세가인과 연애를 하고 싶습니다마는, 이 두 가지 조건이 구비치 아니한 한에서는 오쟁이지기 쉬우니 그런 창피를 누가 당합니까. 안전제일.

천도교 이돈화(천도교 사상가)

1. 과거에나 금후에를 물론하고 천도교의 사업으로 종신하고자 단정하였습니다.
2. 정직하고 쾌활하며 사회사업에 헌신하는 사람을 좋아합니다.
3. 객사할 듯싶습니다.
4. 아직 판정이 되지 않습니다.
5. 갱소년을 택할 수밖에 없습니다.

《동아일보》 설의식(언론인·평론가)

귀문 각 항을 아래와 같이 간단하게 앙답仰答합니다. 아무 전제도

부연도 없는 대답을 하게 되어서 매우 미안하외다마는 아직 병석에서 일어서지 못하야 길게 쓰지 못하고 이것으로 면책이나 할까 합니다.

1. 일 년이 부족하여도 십 년 축에 들 수 있다 하면 과거 십 년간은 신문사 생활로 일관하였소이다. 장래 십 년간도 혹 층절이나 생기지 않는다 하면 그저 이대로 독서나 하고 수양이나 하면서 신문쟁이로 지내가리라 합니다.
2. 성격상으로는 다정하고 깨끗하고 정직한 분이 마음에 들고 사상상으로는 현실을 정확하게 파악한 이상주의자를 좋아합니다.
3. 대답하기 거북하외다. 한 살, 두 살 나이 먹어 가는 자녀를 못내 애처로워하시는 부모를 모신 몸으로 자신의 죽음에 대한 예감을 공언할 용기를 못 가진 까닭입니다.
4. 지명을 피합니다. 다만 문학상에 있어서 과거나 현재의 어느 작품을 표준하기보다는 우리 신문학의 개척자와 건설자 중에서 특히 공적 있는 분에게 드리고 싶습니다.
5. 갱소년을 택합니다. 밟아온 길을 다시 되돌려 고치고 싶은 까닭입니다. (12월 7일 계산 병창에서)

신간회 홍명희(소설가·언론인·정치가)

1. 과거 십 년은 남양[南洋, 동남아] 및 상해, 북평[北平, 베이징] 등지에 방랑하였고 귀국 후는 신간회와 신문사 일을 다소 하였을 뿐

장래 십 년은 아직 말하기를 피한다.
2. 재주 있고 그릇이 큰 사람.
3. 예기하는 죽음이 있으나 말하기 싫다.
4. 모르겠다.
5. 요대십만관하고 승학하양주할까.

신석우(언론인·독립운동가)

1. 과거 십 년은 《조선일보》를 위하야 또 모든 큰 것의 잘되기를 위하야 내 딴은 노력하노라 하였고 장래 10년도 생각한 바가 많이 있으나 아직은 말할 수 없소이다.
2. 그릇이 큰 사람.
3. 모르겠소이다.
4. 모르겠소이다.
5. 셋이 다 좋으나 그 중에도 가장 좋은 것은 절세가인과의 연애일 줄 압니다….

신간회 위원장 허헌(법조인·독립운동가·정치인)

1. 과거 십 년은 신간회, 조선변호사협회, 보성전문학교에 관계하였고 장래 십 년은 신간회 중심으로 일하고 싶다.
2. 정치가적 타입의 인물.
3. 객사는 아니 할 터이겠다.

4. 아직은 이른 듯.
5. 셋이 다 좋다면 좋고, 다 나쁘다면 나쁘겠다.

김기진(시인·문학평론가)

1. 과거 십 년간이란 물음에는 답할 말이 없습니다. 앞으로 할 일은 나 혼자만 알고 있을 것이오. 그렇게 얼른얼른 말할 수 없습니다.
2. 신중, 엄격, 근실, 역행力行, 관대, 의지의 사람을 좋아합니다. 의지가 약한 비난점이 있더라도 신의가 있는 사람을 좋아합니다. 사상상으로 좋아할 사람은 귀사에서 상상되실 줄 압니다.
3. 객사? 형사?
4. 모르겠습니다.
5. 3자가 다 소원이 아닙니다.

근우회 정종명(여성운동가·독립운동가·사회주의운동가·간호사)

1. 십 년간에 한 일이라면 가짓수로는 상당히 많습니다. 기미운동이 일어난 뒤 그 이듬해에 이대로 있어서는 아니 되리라고 생각하고 우선 여자고학생상조회를 창립하였지요. 그러고는 조선 사회 운동사상에서 중요한 역할을 해오던 북풍회의 창립위원이 되어 일하였으며, 또 그 뒤는 근우회의

창립, 정우회의 창립과 또 신간회에도 내 딴은 애를 쓰노라고 하였습니다. 이 밖에 조선 최초인 간호부협회도 발기 조직하였고 13도에 강연과 가끔 콩밥 먹으러도 많이 들어갔었소이다.

장래 십 년에 할 일은 나는 일정한 복안을 지금 꾸미어 가지고 있습니다. 아마 이것은 일이 년 내로 시작하여 보려고 하는 것인데 나 개인으로는 상당히 용단한 일이라고 생각합니다. 그러나 발표는 아직 어떤 사정으로 당분간 연기하겠습니다마는 좌우간 조선의 운동을 위하여 몸을 던지는 일인 것만은 사실일 것이외다.

2. 나는 조선 운동에 진정으로 몸을 바치는 그런 사람이면 다 좋아합니다. 공산주의적 견실한 사상을 가지고서 사회 운동 선상에서 열과 힘으로 움직이는 그런 인물을 좋아합니다. 학식이 그렇게 굉장히 있다면 무얼 합니까. 조선에 그 많은 학박사들을 보시구려. 심원한 학식을 가졌다는 것만은 나의 좋아하는 사람이 되지 못합니다. 분명히 되지 못합니다.
3. 툭 털어놓고 말하면 성욕의 충동도 근년에는 그렇게 심하지 않고, 또 이후에 자녀를 얻고 싶은 그런 욕망도 별로 없으니 로-맨틱한 정사는 아마 없겠지요. 그렇지만 이 몸이 죽을 때가 와석종신만은 아닐 것이외다. 그리고 죽는대도 조선 안에서 죽고 말걸요.
4. 모르겠습니다.
5. 처녀가 한번 되고 싶습니다.

이화전문학교 김창제(교육자·문필가)

1. 나는 과거 십 년간에 여자교육과 기독교 전도(필설)에 종사하였었고, 금후에도 역시 계속할 듯합니다(하고 싶은 것은 자유 교육과 자유 전도이오).
2. 소크라테스, 정포은[鄭圃隱, 정몽주], 이율곡[李栗谷, 이이], 칸트, 쬬지·와슁튼[조지 워싱턴], 아부라함·링컨[에이브러햄 링컨], 톨스토이 등이올시다.
3. 자살이나 정사는 나의 주의상·신앙상으로 불허하오며 기타 죽음에 대하야는 아무 관념이 없습니다.
4. 이 문제는 아직 숙제로 두고 싶습니다.
5. 갱소년

주요한(시인·언론인·정치인)

제1문 (상략)을 성대히 열고 싶소이다.

제2문 표리가 같은 사람.

제3문 모르겠소.

제4문 모르겠소.

제5문 부질없는 공상인 듯.

평양숭실전문학교 양주동(시인·국문학자·영문학자)

1. 과거 십 년간에 한 일은 개인적으로나 사회적으로나 이렇다고

할 만한 것이 하나도 없습니다. 그리고 앞으로 하고 싶은 중요한 일은 첫째 조선 문학의 건설을 위하야, 둘째 교육 방면으로 미력을 다하고 싶습니다. 외람한 말입니다마는 요컨대 힘이 미치는 대로 이 민족을 위하야 일비一臂의 힘이라도 애써 보겠다는 생각입니다. 개인적으로는 일찍이 하등의 경영을 하여 본 적이 없습니다.

2. 나와 꼭 같은 사람이거나 혹은 나와 정반대되는 그러한 인물을 좋아합니다. 그러나 물론 이 조건에 맞을만한 성격과 사상을 가진 사람은 실지로 발견하기가 매우 어려울 것이외다. 그저 이상과 지조가 높은 사람, 진실되고 용감한 사람, 언제나 뜻이 큰 데 있어서 소절[小節, 대수롭지 아니한 예절]을 구애치 않는 사람, 이러한 사람을 대개 좋아합니다. 역사상으로는 포슬장음抱膝長吟하던 제갈량을 좋아합니다.
3. 연소한 탓인지 아직 죽음에 대하여 생각해 본 적이 없습니다. 정 할 수 없이 죽게 된다면 any one will do.
4. '노벨상이 조선에 온다면' 하고 물으니 대답하기 매우 싱겁소이다. '오기로 결정되었다니' 하고 물을 날이 있기를 바랍니다. 그때에는 흔연히 대답하겠습니다.
5. 요대십만관 승학하양주. 가가[呵呵, 껄껄].

변호사 이인(법조인·정치인·독립운동가)

1. 과거 십 년은 이렇다고 내놓을 것이 없습니다마는, 다만 양심이

시키는 대로 억강부약[抑强扶弱, 강자를 누르고 약자를 도와줌]이 과거 십 년의 제1과정이었다고 할 수 있고, 장래 십 년은 만일 현황대로 있다면 언론과 교육에 미력을 다할까합니다.

2. 손중산[孫中山, 쑨원].
3. 엄숙하고 장중한 자살을 기대합니다.
4. 김중세 박사와 개성 이상춘.
5. 세 가지가 다 버쩍 욕심이 납니다마는 분복에 없을 터이니 갱소년이나 바랄까요.◆

삼천리 제2권 6호
1930년 10월 1일

남성의 무정조에 항의장

남성 방종과 여성의 고민

허영숙(의사·언론인)

기자　지금 많은 사내들은 첩妾을 하고 있습니다. 본처가 시원히 죽어주지도 않고 또 이혼에 승낙도 하여주지 않으니까 불가불 따로 사랑하는 사람을 찾아서 첩을 하고 살아갑니다. 이처럼 불우한 남성의 행동을 옳다고 보십니까, 그르다고 보십니까.

허　첩을 하되 같은 첩 중에도 그 종류에 몇 가지 구별이 있을 줄 압니다. 첫째로 말하면 종로 상인 계급에서 흔히 하듯 여러 계집을 거느리고 산다는 그 허영심 때문에 얻는 것과, 둘째는 옛날 구습으로 장가를 들었기 때문에 사랑이 없어서 갈라져야 옳을 것이나 이미 자식이 생겼고 또 그 여자가 가주지 않는 경우에 하는 것과, 마지막 셋째는 생리적으로 일어나는 불만 때문에 작첩[作妾, 첩을 얻음]하는 세 가지가 있는 줄 아는데, 첫째는 음락[淫樂, 음란하게 놀고 즐김] 때문이니 첩 하는 남성에게 동정할 여지가 없고, 둘째는 그 심리만은 이해할 수는 있으며, 또 셋째는 그 화근을 미리 예방할 수 있으니 남성의 자각을 재촉하여 두는 정도에 그칠 것인 줄 압니다. 통틀어 말하자면 작첩의 동기는 남성들이 제멋대로 성적 방종을 하자는 데서부터 일어나는 것이 대부분이지요.

기자 성적 방종이야 비단 남성에게만 있겠습니까? 여성에게도 그 심리만은 강렬하게 움직이고 있는 줄 압니다. 저 제비족이라 하야 성숙기에 있는 마담들이 얼마나 방종한 성생활들을 하고 있습니까? 다만 남자들의 지위가 조금 우월하니까 그 점에서 다소 더하다 할는지요.

허 아녀요. 남성 중심의 여러 가지 우월한 사회적 조건 이외에도 사내는 아무래도 여자보다 성적 방종을 더 하게 생겼습니다. 그것은 생리적 구조 관계지요. 남성들은 성행위를 하여도 뒤에 따르는 책임이라고 없게 생겼습니다. 그러나 여자를 보십시오. 그는 즉시 잉태를 합니다. 임신과 분만과 육아라는 절대적 불가피의 큰 짐짝을 짊어지게 됩니다. 그러니 여성들은 성적 방종을 하려야 유표하게 드러나는 이 중하[重荷, 무거운 부담] 때문에 어떻게 할 수 있겠습니까.

기자 그 때문에, 아니 그 때문이라면 어폐가 있으나 좌우간 피임법이 새로 발명되어 많이들 행사되고 있다 하지 않습니까?

허 그 피임법이 누구나 다 할 수 있게는 아니 되었대요. 저도 독일이나 일본 등 각처에서 새로 돌아온 여러 사람들의 이야기를 많이 들어 보아도 구라파[유럽] 등지에서도 그렇게 보급이 되어있지 않으며, 또 그 방법이 몹시 까다로워서 아무 일도 아니하고 성적 쾌락만을 쫓아다니는 그런 유한계급의 여성들이나 할 수 있을는지 모르나 일반은 대단히 어렵다 합니다. 이렇게 불가피하니까 생리적 우월한 조건을 가진 남성들은 정조 관념이 심히 없지요. 그 대신 모 여사의 일을 보십시오. 그는 현재 아이 셋을 가졌으나 그것이 모두 아버지가 각각 달라서 세상의 주목거리가 되어 있지 않습니까? 만일 그 여사가 남성이었다면 무슨 별문제가 있었겠습니까.

기자 그러면 어떻게 하면 남성의 정조 관념을 적어도 여자만치라도 잘 지키게 할 수 있겠습니까?

허 사회의 문화가 진보됨에 따라서 남성의 자각이 생길 터이니 그렇게 되면 일부일처제를 엄수하게 되겠지요.

그러기에 지금 남성의 무정조에 항의하자면 그네의 도덕적 자각을 재촉하는 것이 옳을 줄 압니다.

결혼 연령과 비극 회피

기자 아까 말씀에 작첩을 아니할 수 있도록 할 방법이 있다고 하셨는데요?

허 그것은 이러한 의미입니다. 즉 아까 열거한 3개의 예 중 제3에 가는 조건 즉 '남성의 생리적 불만을 없애게 할 수 있다.'는 점이니 그것은 제가 다소 의학을 배운 까닭에 안 일이지마는 대체로 지금 젊은 남자와 여자들의 결혼 연령을 보면 그 표준이 틀린 줄 압니다. 어째 그러냐 하면 여자에게는 임신·분만·육아 등의 고역이 있으니 아이 하나만 낳으면 그 여자는 벌써 삼사 년이나 더 늙어 보이는 법입니다. 차츰 한 해, 두 해 건너가며 아들딸 여럿을 낳기 시작하면 새파랗던 신부도 파파노인이 되어 버립니다. 그러니 남성 편에서는 몇 해만 지나가면 그 아내에게는 이미 성적 불만을 느끼게 되니까 이혼이랍시요, 작첩이랍시요 문제를 일으키는 것이지요.

기자 그렇다면 애초 결혼할 때에 그 위험을 피하도록 하란 말씀입니까?

허 그렇지요. 젊은 남녀는 사랑에 흥분이 되어 이러한 장래의 일까지 고려할 여지가 없이 결혼하지요. 서로 둘이 다 나이 비슷하거나 차이 있다 하여도 한두 살, 두세 살 되는 것을 좋다고들 하지요. 이것이 잘못입니다. 이렇게 서로 같은 연령을 가지고는 그 결혼생활이 오래 행복하지 못합니다. 그러기에 남성과 여성 사이에는 약 10년의 차이를 두는 것이 옳지요. 사내가 서른이면 여자는 18, 9로부터 21, 2까지가 가장 알맞은 나이이외다.

기자 외국의 예는 어떠합니까?

허 외국서는 중학과 대학을 맞추노라면 으레 사내는 서른을 넘게 됩니다. 그때에 고등여학교쯤 마친 아내를 얻게 되니까 대개 10년 차이는 있지요. 일본도 마찬가지지요. 그러니까 조선서도 금후의 결혼을 이 표준대로 한다면 남자의 성적 방종이 그칠 줄 압니다.

기자 사내 서른에 여자 스물이라면 남성들은 그 설을 이해할 수 있을 터이지만 새로 나오는 여학생들은 아마 청종치 않을 줄 압니다.

허 그는 사실입니다. 여학교나 마친 여자들은 제 나이와 어슷비슷한 남성을 고르자고 하니까. 그러나 이 설은 얼른 널리 보급되어 실행됨이 좋을 줄 압니다. 내 집에 놀러 다니는 대학생들의 말을 들어도 역시 그네조차 저와 어슷비슷한 나이 어린 여학생들을 찾더구먼요. 그러니 남자고 여자고 미혼인 청년들은 이 점을 많이 주의함이 옳을 줄 압니다.

애처의 양여에 대하야

기자 최근에 세상에 큰 셴세이슌[센세이션]을 일으킨 저 일본의 다니자키 준이치로谷崎潤一郎와 사토 하루오佐藤春夫 사이의 소위 애처 양도 사건*을 어떻게 보십니까?

허 저는 아무리 생각하여도 그를 이해할 수 없습니다. 애처라면 남을 줄 수 있으리까요. 그 반대로 사랑이 없는 사이라면 이혼에 그쳐야 옳을 것이지요. 물건짝같이 주고받고 도무지 이해할 수 없습니다.

기자 원시 인간들은 애처나 제 딸까지 주고받고 하였다니까요. 바바리즘의 재현이 아닐는지요.

허 그렇게도 생각이 되지 않아요. 원시 인간들이야 미개하니만치 단순하니까 즉 인정人情의 기미를 몰랐으니까 그랬을는지 모르지만 어떻게 부성애라는 그 천륜까지 버리고 자식마저 친구에게 주어버려요.

기자 그 사람의 『치인의 사랑』을 보셨습니까?

허 보았어요. 그 밖에도 《오사카아사히신문》엔가 자기네가 오늘날 일으키고 있는 것 같은 사건을 취급한 소설까지 모두 보았는데 워낙 마조히스트라 하리만치 괴기한 테마를

---

* 일본의 탐미주의 소설가 다니자키 준이치로(1886-1965)는 1915년 이시카와 치요코와 결혼하지만, 치요코의 어린 여동생 세이코(『치인의 사랑』 주인공인 나오미의 모델)에게 끌리며 관계가 불화됐다. 후에 냉대받던 부인이 친구이자 시인인 사토 하루오(1892-1964)와 사랑에 빠지자, 《아사히신문》에 아내를 양도한다는 합의문을 발표하며 파문을 일으켰다. 그러나 곧 양도를 철회하여 사토 하루오와 절교했다가 1926년 화해한다. 이시카와 치요코는 1930년에야 다니자키 준이치로와 이혼하고, 사토 하루오와 재혼했다.

취급하니까 그런지 모르지만, 그가 쓴 소설은 자연스럽게 받아들일 수 없습데다. 제목은 잊었으나 좌우간 그 《오사카아사히신문》에 나던 소설을 보면 자기 아내가 제 친구와 연애하는 줄을 번연히 알고도 오히려 그 친구를 동정하고 제 아내까지 동정하는 그런 묘사가 있어요. 가령 일구一句를 들면 제가 없는 사이에 그 친구와 자기 아내가 한방에서 지내는 것을 불쾌하게 생각하지 않을뿐더러 자기가 밖에서 돌아올 때는 문 앞에서 두어 번 휘파람을 불 터이니 간부[姦夫, 샛서방]가 있거들랑 어서 다른 데로 얼른 피하게 하라고 오히려 간음하는 자기 아내에게 미리 일러두는 사실 등이 있어요. 어떻게 그런 심리를 가질 수 있으리까요. 저는 도무지 모르겠어요, 사람으로서.

기자　그야말로 '사랑하기에愛すればこそ*'니까 그런 게지요.

허　글쎄요. 좌우간 세상은 몹시 변했나 보이다.◆

---

* 다니자키 준이치로가 1921년 12월 《개조》에 발표한 연극 작품을 이른다. 이름난 집안의 딸 하시모토 스미코, 제국대학 교수 미요시 카즈마, 가극 배우 야마다 레이지 이 세 명의 삼각관계를 두고 극중 등장인물들이 논의하는 내용이다.

삼천리 제2권 7호
1930년 11월 1일

남편 재옥·망명 중 처의 수절 문제

정조를 절대 엄수하라!

송봉우(사회주의 운동가)

양성 관계의 생성은 사랑과 믿음의 합일되는 곳에 있다. 사랑만이 있고 믿음이 없으면 유인유녀遊人遊女의 시간적 행위에 불과하며, 믿음만이 있고 사랑이 없어도 기계적 동작에 그치고 만다. 또 하나 있다. 생활 조건의 보장이다. 전자의 두 가지 조건이 완비된다 할지라도 후자의 조건 하나가 없으면 전부가 도괴되고 만다. 이 세 가지 조건 중 입옥자入獄者에게는 전부 해당되지 아니한다. 후자의 조건 하나는 입옥자에게는 인연이 멀다. 왜 그러냐 하면 그 운동의 조직이 정돈되지 못한 조선이 가지고 있는 그들이기 때문이다.

하나 전자 두 가지만은 반드시 합일되어야겠는데 사실은 이와 달리하고 있다. 사랑은 보통 사람의 그것보다 열렬하나 믿음이 없으므로 공허를 느끼며 고뇌를 맛보고 비극이 연출된다. 어느 누가 최초에는 서로 믿지 아니 하리마는 무형 무상한 정情과 정의 결합이니 늘 동거동식할지라도 물샐틈없기를 보장키가 곤란하거든 하물며 옥로獄路에 나그네질하며 회적[晦跡, 자취를 감춤]·망명이 무상[일정하지 않고 늘 변함]하야 오늘 만주에 나타난 몸이 명일은 동경에서 소리치는 사람으로서는 어떠하겠는가?

자신의 이익를 내려놓고 진리와 옳은 길을 위하야 가시관을 쓰고 혈로를 걸어가는 행자군의 지친 심신의 안식과 위무를 얻을 곳이 그들의 아내인데, 그 안식처에 다른 사람의 베개가 놓여있고 그 위무하는 손에 다른 사람의 지문이 박혀 있다면 그들의 흉우[胸宇, 흉중]가 어떠하겠는가.

입옥자의 아내는 동지라야 하겠다. 동지로서 사랑과 믿음이 병행하는 여성이라야 하겠다. 사랑 그것보단 믿음의 무게가 더한 여성이라야 하겠다. 동지로서의 믿음 없는 아내는 도리어 큰일을 많이 만들어 낸다. 사랑이 이동되는 데 따라 병폐가 발생한다는 말이다.

사랑하다가 사랑이 없어지면 사랑을 찾아가는 것이 무슨 관계이겠냐마는 사랑을 옮기는 데 일어나는 부작용이 우환이 된다. 소화 불량에 소화제를 복용하는 것은 좋은 일이다. 하나 일어나는 부작용이 소화를 돕는 그것보단 해가 많다는 것을 알아야겠다. 그러므로 동지로서의 믿음 있는 아내는 위치 이동도 방지되는 동시에 부작용도 물론 일으키지 않는다. 그 남편이 투옥이 되었거나 또는 잠적, 망명 중일지라도 그 남편에 대하야 믿음 있는 서원을 세웠기 때문에 정조에 대한 이상 없이 재회를 기다리게 된다.

이상에 말한 것은 그 아내의 이상적으로 취할 바 태도이거니와 생리적으로는 그 남편의 장기의 부재중 과연 정조를 엄수하게 될까? 사랑이 있고 믿음도 있는 동지로서의 아내일지라도 마음먹은 대로 될까? 이렇게 의아한 마음을 가질 사람이 있을 것이다.

그러나 이 이의는 나는 긍정치 못하겠다. 어디까지든지 엄수하여야만 한다.

엄수치 못하는 아내는 유녀형遊女型의 아내이기 때문에 그리고 인격의 긍지와 수양이 없기 때문이라고 주장한다.

그 남편에 대한 사랑이 식거든 그 남편의 재·부재를 막론하고 새 사랑을 찾아가는 것은 별문제이다. 하나 사랑이 식지 아니하였는데 그 남편의 부재중이라고 하야 생리적 충동을 억제하지 못하야 육肉을 사냥하는 것은 육괴[肉塊, 살덩어리]의 예찬배가 아니고 무엇이냐? 육과 육의 마찰만을 만능으로 삼는 무리는 전인격에 대하야 광명과 권위를 파멸시킬 뿐이다. 그러한 아내는 육체를 추구하는 여성이요, 방탕하고 음란한 여성이다. 망명·입옥자의 아내가 될 수가 없다.

나는 함성으로 소리친다.

입옥자의 아내는 믿음과 사랑을 가진 여성 동지라야 하겠으며, 그 남편의 단기의 부재중이나 장기의 부재중이나 정조를 엄수하라고….

(시간의 여유가 있다면 더 쓸 것이 많습니다마는 뜻대로 안 됨을 유감으로 압니다. 후일 이 문제에 대하야 다시 붓을 들겠습니다.)

이상과 현실은 다르다

허정숙(여성운동가·독립운동가·사회주의운동가·정치가)

이 문제는 벌써 몇 해 전부터 조선사회에 제출되어 있는 한 가지 중요한 과제인 줄 압니다. 그래서 이미 그 비판의 대상이 된 인물도 여럿이 나왔지요마는, 앞으로도 입옥자의 증가에 따라서 전 조선적으로 이에 해당하는 여성의 수절 문제가 복잡다단하게 생길 줄로 압니다.

생각건대 이것은 반드시 조선 여성에게만 국한되어 있는 과제가 아니겠고 독일이나 미국이나 영, 불 등 어느 나라든지 사상운동에 대한 관헌의 탄압이 심한 곳마다 반드시 일어날 일인 줄 알매 운동 선상에 선 모든 사람은 여기에 대한 엄정한 견해를 미리 세워두어야 옳을 줄 압니다.

그런데 나는 이렇게 생각합니다. 조선의 여성은 외국 부녀에 비하야 그 교양이 낮은 것이 사실이요, 또한 경제적 구속을 많이 받고 있는 것도 사실입니다. 가령 남편 한 분을 믿고 살아오다가 그가 하루아침에 다시 살아올는지 말는지도 모르는 망명의 길로 떠났다 합시다. 또는 4, 5년이고 6, 7년이고 하는 긴 철창생활을 하게 된 경우에 평소에 그 한 분을 신뢰하고 사모하는 일념이 아무리 굳세다 할지라도 조선 현실이 강요하는 호구난에 몰려서 개가改嫁를 아니 할 수 없게 되는 경우가 대다수일 줄 알며 또 그러고 운동 선상을 치구[馳驅, 바삐 돌아다님]하는 남편을 가진 그 아내이니만치 처의 연령은 흔히 청춘시기일 터인데 나이 젊은 만치 생리적으로 닥쳐오는 고독을 좀처럼 막을 길이 없어서 본능에 대한 허위생활을 거절하는 일이 실제의 경우에 있어서 또한 많을 줄로 압니다. 그러니까 독일이나 아미리가[미국]에 비하야 성적 해방과 경제적 해방이 심히 적은 조선 여성은 그네들 외국 여성에 비하야 오히려 더 많은 자유를 가져야 어울릴 줄 압니다.

또한 같은 입옥자의 아내라 하여도 그 가운데는 남녀 서로가 동지끼리인 경우(가령 같은 당원인 경우)와 그렇지 않고 단지 사상이나 이해하는 정도의 부부 등의 구별이 있을 줄 압니다. 동지끼리인 경우는 이 문제가 더욱 복잡 심각하여 갈 줄 압니다마는 도대체 일언으로 정리하면 이상으로는 그 아내 된 사람이 언제까지든지 즉 재회할 때까지 수절함이 원칙이요, 또 그를 일반적으로 희망하여 좋을 일이나 현실 문제에 들어가서는 경제 관계, 성관계 등으로 이상과 같이 실행되기 어려운 줄로 압니다. 좀 더 조선 여성들도 남편 아니고라도 생활의 방편을 얻을 수 있다면 문제는 달리 처결이 되겠지요마는….

성욕은 참아야 한다

이덕요(의사·여성운동가)

나는 이 문제에 대하야 정조를 지켜라 말어라 하는 단안斷案을 내리기 전에 우선 내 경험을 말하여 보겠습니다. 나도 H를 멀리 바다 밖으로 보내고 벌써 3년째나 고독한 생활을 하여오는 터이외다. 그래서 어떤 때는 이 문제가 '나의 직접 당면한 내 문제'로 나의 판단을 기다리는 때가 많습니다.

그러나 나에게는 그분을 사모하는 생각이 점점 강렬하게 움직이고 있으므로 그 한 분을 위하야는 수절할 것이 옳다고 스스로 맹세하여 가면서 오늘까지 지내왔습니다. 그야 나의 연령이 아직 젊은 여성이니까 어떤 때는 처량하게 이성이 그리워지고 더구나 병이 들어 자리에 우두커니 누워 있게 될 때는 이성 동무가 곁에 있어 주었으면 하는 욕심이 불같이 일어납니다.

그렇지만 해외에 나가서 갖은 풍상을 겪고 계실 그분의 경우와 또 옛날 함께 지낼 때의 정의[情誼, 서로 사귀어 친해진 정]가 눈앞에 회상되어서 모든 내 주위로부터 닥쳐오는 유혹을 이를 악다물고 격퇴하여 버립니다.

그러니까 우리 앞에 제출된 이 문제를 바라볼 때에 사랑이, 동지로서인 사랑이 아직 식지 않았다면 언제까지든지 그는 으레 수절하여야 옳을 것이라고 봅니다. 세상에는 "성욕을 어떻게 참나. 남편이 망명하였거나 입옥한 동안에 생리적 그 본능을 어떻게 참을 수가 있나? 수절이란 거짓말이다. 그게 될 말이야."하고 우선 성욕 때문에라도 기다리지 못한다는 분이 있으나 솔직하게 나의 체험으로 보아 나는 3년간을 그를 참아 왔다. 사랑이 열렬하였다면 또 그 열렬함이 언제든지 식지 않는다면 성욕! 그까짓 것이야 100년을 못 참으랴! 또 아주 못 참을 경우면 예전 사랑하던 분을 그대로 사랑하면서 일시일시로 다른 사내와 관계를 맺어갈 수도 있을 것이다.

그렇지만 또다시 생각하건대 나와 같이 여의사란 직업이라도 가지고 생활할 길을 장만한 여성이니까 문제는 성욕에만 단순히 중요점을 두게 되지마는 그렇지 못하고 남편이 감옥이나 해외에 나갔기 때문에 생활의 방도가 완전히 끊어지는 여성이라면 그는 오늘의 사회 현실로 보아 수절 못 함을 막을 길이 없으리라.

그러므로 나는 생각건대 사랑만 있다면 언제까지든지 수절하여야 옳다. 먹을 것이 있거든 그까짓 성욕이야 못 참으랴.

부재중은 의식적 행동하라

정칠성(여성운동가·사회주의운동가·정치가)

이 문제는 벌써 우리 여성사회에 큰 시빗거리로 내려오던 것이외다. 모모 동무들의 문제가 벌써 발생하지 않았습니까? 그런데 나는 이에 대하야 아래와 같은 판단을 가지고 있습니다.

첫째는 운동에 지친 남편의 몸이 아주 기거하지도 못하야 병석에 오래 드러눕고 있다 합시다. 그때 그 아내 되는 사람은 으레 갖은 정성을 다하여 병구완을 하여 주어야 옳을 줄 압니다. 그가 개인의 영화를 위하야 애쓰다가 병들어 누웠어도 인간의 상정으로 그리하여 줌이 떳떳하겠거늘 하물며 큰일에 분주하던 몸이리까. 아무쪼록 힘이 미치는 대로 약석이라도 사다가 대접하고 미음 한 숟갈이라도 따뜻하게 끓여 드려서 다시 일어날 날이 있기를 고대함이 옳겠고, 또 그 곁에서 늘 평화한 낯빛을 지어 그의 심적 고통을 가지지 않도록 하게 하여야 옳을 것인 줄 압니다. 이것은 원칙적으로 누구나 다 이리하였으면 좋을 줄 압니다.

또 둘째로 남편이 5, 6년이고 7, 8년이고 하는 장기의 징역을 받고 있는 동안이라 할지라도 그 아내 된 사람은 여전히 그를 기다림이 옳겠으며, 망명하고 없더라도 역시 애인 된 여자는 그 사랑하는 남편이 돌아오기를 손꼽아 기다리고 앉아서야 옳을 것이외다.

그러나 주의자主義者도 인간이고 사상가도 동물이외다. 다혈질의 젊은 몸에 생리적 고통을 막을 길이 있으리이까? 누구나 수절하고 그동안을 지내야 옳을 줄은 번연히 알지만은 과연 춘추의 절기 따라 젊은 몸을 휩쓸고 도는 그 생리적 욕구를 어떻게 물리칠 수가 있겠습니까. 인생의 본능인 성욕을 무제한하고 참으라 함은 과부에게 정조를 강요하던 시대의 뒤떨어진 도덕이나 조금도 다를 것이 없을 줄 압니다.

그러므로 두뇌로는 수절 못 하는 것이 좋지 못하다고

인정하면서도 수절 못 하는 아내 된 사람을 볼 때에 나는 인간적 동정을 도리어 가지게 되는 것이외다.

그러면 이 문제는 어디에서 판단의 활로를 찾을 것인가? 나는 예를 한 가지 들겠습니다. 주의자인 모 여사가 그 남편이자 동지이던 분이 옥에 들어갔는데 부재중의 생리적 욕구를 참지 못하야 제2남성에게로 달려갔다 합시다. 그렇더라도 워낙 애인이던 남편이 형을 다 치르고 출옥하는 마당에 와서는 응당 그 품에 다시 도로 가 안겨야 옳을 것이외다. 그동안 그 과정적 행위는 의식적으로 또 소극적으로 한 일임에 불과하게 되어야 옳을 것이외다. 이 속에 내가 말하고자 하는 암시가 충분히 있는 줄 알기에 그 이상은 더 길게 말하지 않습니다.

그러고 수절, 비수절 문제를 경제 관계에 돌리는 경향이 있으나 나는 그것이 그렇게 많이 작용한다기보다 생리적 관계 역시가 대부분인 줄 압니다. 또 그런 분위기에 사는 몸들이매 항상 많은 이성을 자주 대하게 되니 따라서 여자가 유혹을 받는 경우도 스스로 많아짐을 막을 길이 없는 줄 압니다.

수절 못 함이 당연

유영준(여성운동가·독립운동가·의사·정치인)

얼마 전에 파렴치죄를 범하여 15년의 중형을 받고서 서대문 형무소에 입옥 중인 그 남편을 찾아간 어떤 아이 딸린 부인이 있었다 합니다. 그는 남편을 면회실에서 보고서 앞으로 15년

동안이나 당신을 바라고 살아갈 수 없으니 이혼을 하여 달라고 하매 그 남편은 완강히 거절하였다 합니다. 곁에 서 있던 간수가 하도 어이없어 그 죄인더러 "갈라 주는 것이 좋지 않으냐? 그는 먹을 길도 없고 자식을 기를 방법도 없지 않으냐. 개가하기 전에는 살 수가 없지 않으냐?"하고 타이르매 그 죄인은 도리어 성을 내며 "그야 어떻게 되든지 간에 나는 저 사람을 사랑하고 있으니깐 어쩔 수 없다."하고 대답하였다는 말을 들었습니다. 실로 이 경우에 15년이나 형을 받은 그 남편을 기다리고 그 아내는 여전히 정조를 지켜야 옳겠느냐? 마찬가지로 언제 돌아올는지 기약할 수 없는 망명의 그 남편을 가진 아내로서 아무리 동지 도덕과 의리가 깊다 하더라도 청춘이 백발이 될 때까지 돌아오기를 한갓 기다리고 앉아서야 옳겠느냐?

철석같은 결심과 교양이 있는 소수의 여성은 차치하고 일반적 보통 여성으로 보아 그가 가능할 것이냐?

나는 사실에 있어서 불가능할 줄 안다. 어떻게 성적 본능을 막아가며 또 독신으로 생활의 질을 얻을 수 있을까.

우리 사회같이 비상한 처지에 놓인 세상에서는 입옥자의 아내가 수절 못 하는 것이 당연한 일이다. 지킨다 함이 오히려 예외의 사실이라 아니할 수 없을 것이다.

다만 오늘 입옥하였다고 내일 딴 사나이를 찾는다는 것은 사회주의자뿐 아니라 보통 인간으로서 도의상 못 할 노릇인 줄 안다.

그리고 육체의 접촉이 없으매 사랑이 식어갈 것은 정해진 일이라. 그때 자녀가 있고 없는 것은 제4, 제5차 문제인즉 사랑이 식어가는 마당에 어찌 자식 때문에 얽매일 것이랴. 그야 일단 자기가 가는 것 때문에 옥중의 그 애인에게는 많은 고통을 줄 것이나 그렇다고 마음에 없는 인종忍從을 계속한다 함은 과부에게 정조를 강요하던 봉건사상과 무엇이 다를까.

그러기에 나는 수절 못 하는 것이 당연하다고 말할 것인가 하노라.

삼 년간은 참아라

김일엽(문인·여성운동가·언론인·승려)

남녀가 서로 사랑하는 사이에 이르게 된다 함은 결코 사상과 감정만이 같아서는 아니 된다. 거기에는 반드시 육체적 접촉이 있어야 함은 누구나 부정할 수 없는 사실이다.

그런데 이제 만일 그 남편이 오래 병으로 드러눕고 또는 감옥에 들어가고 또는 망명하고 없는 경우에 이르면 그 아내 되는 사람은 수절할 수 있을까? 수절하는 것이 옳다고 도덕은 말하리라. 그러나 거짓 없는 인간적 생활은 이 도덕이 벌써 생활의 장애물이 되는 것을 가르치리라. 더구나 우리네 사회와 같이 그 남편이 없어졌다 함이 즉시 양식이 없어지고 입을 의복이 없어지는 것임을 의미하는 경제적 위협이 따르는 경우에서는 한 분을 위한 절개를 언제까지든지 지켜가라 함은 사실 어려운 일일 것이리라. 마치 순사[殉死, 나라를 위해 목숨을 바침]를 강요함과 같은 어려운 일일 것이리라.

그렇다고 나는 남편이 곁에 없게 된다면 그 이튿날부터 딴 이성을 찾아가라 하는 말은 결단코 아니다. 그것은 인간으로서 차마 못 할 노릇이다. 의리를 보더래도….

그러기에 온갖 육체적 고난과 경제적 핍박과 싸워 가면서라도 적어도 애인 된 사람은 삼 년까지는 이를 악물고 수절함이 옳을 줄 안다.

삼 년까지 기다려서 그래도 아니 와준다면 그때는 거지반 불가항력이 따를 것이리라. 의리는 어느 정도로 다 하였다고 보아 좋을 것이다.

요컨대 될 수 있는 대로 수절함이 옳겠으나 실제 사실에 들어가서 그리하기가 대단히 어려운 줄 아노라. 그러기에 삼 년까지는 참는 것이 원칙으로 되었으면 좋을 줄 안다.◆

삼천리 제3권 3호
1931년 3월 1일

외도하는 남편의 투옥론

1. 선생께서는 선생(처)의 승낙 없이 남편이 외도할 때 간통죄*로 고소 투옥하겠습니까?
2. 처의 소유로 되는 재산을 선생은 무엇에 쓰려 하십니까?

본사 측 : 최근에 대단히 흥미 있는 법안 한 가지가 새로 제정이 되어서 편무적이던 양성 도덕의 위에 절대 권력을 가지고 군림하려 합니다. 그것은 즉 일본형법개정위원회의 손으로 방금 입안되어 있는 여성 정조의 옹호를 위한 신법안이니 그 중점을 요약하면 외도하는 남편을 아내가 고소하여서 2, 3년씩의 징역을 시킬 수 있게 된다는 것이외다.

* 일제강점기 당시 형법에서는 아내가 간통을 했을 경우 남편에 의해 아내와 상대가 처벌됐으나, 남편의 경우에는 상대가 유부녀가 아니면 처벌받지 않았다. 그러나 1953년 제정된 형법의 간통죄는 '남녀쌍벌주의'를 차용하였다. 간통죄는 2015년 폐지되었다.

유명유종惟命惟從할 줄만 알았던 자기 아내가 외도를 좀 하였다고 남편을 덜컥 간통죄로 고소·투옥한다면 남성으로 앉아서는 얼마나 큰 위협이 되겠습니까. 그 밖에 결혼할 의사 없이 처녀의 순결을 유린한 때도 혼인 예약 불이행에 의한 정조 유린 손해배상 이외에 또한 사기죄로 고소·투옥을 당한다 합니다.

이때에 있어서 여류사상가들은 정말 애중하게 여기던 그 남편을 감옥에 보낼 작정이란 말인가? 이에 본사는 이 중대 문제를 여기 토의에 부치기로 하였습니다. 또 한 가지, 여성도 남편의 관리를 받는 일이 없이 종래와는 달리 재산을 자기의 명의로 소유할 수 있게 된다 합니다. 그러면 여성들은 이 가족 제도 안에 있어 재산을 가지고 무엇을 할 것인지? 의식주는 법률상 규정으로도 남성들이 대어 줄 것이므로 제 재산을 따로 꾸려 무엇에 쓸 것인가. 이것도 또한 대단히 주목할 만한 일이므로 같은 토의에 부치는 바외다.

투옥 전 이혼이 옳다

윤성상(언론인)

1. 최근에 일본형법개정위원회에서 시대의 추세에 따라 여성의 권익을 옹호한다는 의미에서 남성에 대한 제재의 길을 열어주리라 하는 말은 들었습니다. 즉 금후 개정될 그 구체적 내용이라는 것을 신문지를 통하야 보건대 첫째 여성의 정조를 엄밀히 옹호하기 위하야 어떤 악심 품은 남성이 순결한 여성을 버려 놓고 종래 예약한 결혼을 이행 아니하는 경우에는 위적료를 청구(종래에도 민법상 이것은 가능하였지만)하는 외에 다시

사기죄로 고소하여서 그 사내를 감옥에 집어넣게 되리라 합니다. 또 한 가지는 역력한 처를 가진 남성이 딴 여자와 관계를 맺고 있는 경우나 심함에 이르러는 아주 들어앉은 첩을 두고서 딴 살림을 하고 있는 경우에(처의 승낙이 없이 그리할 때) 그 아내는 남편을 간통죄로 걸어서 2, 3년간을 감옥에 집어넣게 되리라 합니다. 이것은 종래 턱없이 학대받고 편무만 지어 오던 여성을 위하여 없기보다 나은 일이라 할 것이외다. 그러나 실제의 사정을 생각하여 봅시다.

대체 부정한 남편을 투옥의 방법을 통하야 그를 응징하여 놓기까지는 좋으나 옥에서 다시 나오는 그 사내를 그 여자가 데리고 살 것입니까. 사내 또한 자기를 고소·투옥게까지 한 그 여성을 다시 데리고 부부생활을 할 것이리까. 이것은 전혀 가망이 없는 일이외다. 그러기에 남편을 간통죄로 고소하여 버린다 함은 사실상 이혼의 단행에까지 이를 것을 전제함이니 심약한 여성은 이 법의 적용을 스스로 두려워할 것입니다. 더구나 우리 사회 현실에서 비추어 남편을 투옥하고 난 뒤 무엇을 먹고 무엇을 입고 살아갑니까. 항산[恒産, 살아갈 수 있는 일정한 재산이나 생업] 있는 중산 계급 이상의 가정에서는 이 염려가 덜하겠지만 대부분은 경제 때문에도 고소를 못 할 것입니다.

그러기에 나는 이렇게 생각합니다. 남편이 아주 부정 불량하야 딴 여자나 버려 놓고 사회와 가정에 해독을 끼치는 그런 경우이면, 다시 말하면 데리고 살고 싶지 않으면 고소하여서 감옥에 집어넣기보다 차라리 이혼하고 마는 것이 옳을 줄 압니다.

2. 의식주는 비록 호주인 남편에게서 얻어 지낼 수 있다 할지라도 여성에게 재산이 있으면 하고 싶은 일이 실로 많습니다. 성별을 초월한 어떤 사회적 단체가 창립될 때에 그 기본금으로 기부하든지 그밖에도 사회적 의의가 있는 공동사업에 쓸 일이 하도 많지요. 또 작은 일이나마 동성끼리의 친구를 대접하고 싶을 때, 무슨 옷을 하여 입고 싶을 때, 어떻게 일일이 남성에게서 달래어 씁니까. 여성의 재산을 인정한다는 것은 좋은 일입니다만 문제는 조선 여자는 소유할 재산 그 물건이 얼마 없을 것이외다.

출가할 때에 가지고 온 의롱[衣籠, 옷장]이나 옷감이야 모두 두드려 판다고 해야 몇 푼어치 되겠습니까?

밀회와 처의 권리

김일엽(문인·여성운동가·언론인·승려)

1. 유부녀가 다른 남자와 관계하면 간통죄가 성립되는 동시에 유처남有妻男이 다른 여자와 관계하면 간통죄가 되는 것이 당연할 것임에도 불구하고 여자에게만 간통죄가 성립된다는 불합리한 법률을 원망하던 시절은 벌써 지난 듯합니다. 시대에 뒤떨어진 그런 민법이 제정되어봤자 우리들은 아무 반가움을 느끼지 않을 것입니다. 남편이 그럴 일이 있으면 법률에 호소하기 전에 스스로 무슨 판결을 지을 것이니까….

그러나 다른 여자와 밀회하고 있는 남편을 따라가서 멱살을 붙들고 울며 야단치거나 첩의 집에 가서 세간을 부수는 일이 있을 듯한 약하고 무지한 다수의 여자에게는 아직까지는 그런 법률이 필요하겠지요.

하여간 부부가 이혼하는 때에는 자녀의 양육비·교육비는 아직 남자가 전담하고, 자녀는 여자가 임의로 데려가거나 남자에게 맡기거나 하도록 법률이 되어 있으면 합니다.

2. 새롭다는 사람들은 사유 재산을 부정하는 경향이 있는 이때에 처의 재산을 따로 소유하여야 한다는 것이 우습지 않을까요. 그리고 생활비의 제한을 꼭 하여가기 어려운 이상(다다익선인데) 남자의 재산으로만 생활하여가게 하고 어쨌든 자기 것은 자기 것대로 모아둘 수 있다는 것이 지금 조선 경제적 상태로 어려운 일이고, 설사 여유가 있어 따로 모은다면 집안의 비상 경제비로 쓰게 될 것입니다. 그러고도 자기 것이라는 것이 남으면 여자의 직업 상담소 또는 여자의 직업을 적극적으로 운동하는 무슨 기관 하나를 만들었으면 합니다.

부부애와 법률

안정옥

1. 아무리 법률이 개정되더라도 남편이 다른 여자와 관계했다고 징역을 보낼 아내가 있을 것 같지 않습니다. 부부간에 애정이 아주 없어져서 그 남편이 원수처럼 밉더래도 히스테리에 걸린 여자가 아니면 인정상 도저히 할 수 없을 것입니다. 외도하는 것이 아주 천생으로 타고난 버릇이 되어서 가정과 자녀까지도 돌아보지

않고 방탕한 생활을 한다면 차라리 이혼소송을 일으킬지언정 쓴 정, 단 정 다 들었던 제 남편을 붉은 바지저고리를 입히고 첫째 마음 편하게 살겠습니까? 그런 법률이 새로 나왔다면 남편들에게 징계적으로 어떠한 자극은 줄 수 있겠지요마는 보통 사람, 보통 경우에는 아주 용감스럽게 실행하고 또 유행되기는 어려울 것입니다. 그런 법률을 너도나도 하고 다투어가며 실행한다면 가뜩이나 좁은 조선의 감옥이 대입만원이 되어서 일면일옥제를 시행한다고 야단이 나게요. 더구나 그렇게 되면 밥 차입, 옷 차입은 누가 다니며 해줍니까?

2. 아내도 재산을 소유할 수 있게 된다면 재판소의 수입이 줄고 변호사 밥줄이 끊어질 것입니다(더구나 조선에서는요). 신문 면에 보니까 부잣집의 재산 싸움이 여자가 상속을 못 하는 까닭에 어린애를 상속인으로 만들어 놓고 온갖 협잡들을 해 먹다가 재판하는 통에 변호사가 한몫 먹는다더군요. 어쨌든 너무 뒤늦게 된 법률입니다.

소유한 재산을 얻다가 다 쓰겠느냐고요? 저는 받을 것도 없고 줄 것도 없으니까 그런 것은 제게는 당초에 문제가 아니 됩니다.

여권 확장의 신법안

이인(법조인·정치인·독립운동가)

사회가 남성 중심으로 조직되어 사회생활을 규율한 법률이 남성의 손으로써 제정된 것만큼 순연한 남성 본위로 되어서 여성의 권리를 남성과 같이 평형적 보호로 만들지 못하고 여성에 대하야 극단의 단속과 극심한 차별을 두어서 사회상, 법률상 모든 것이 비인격적 취급을 하게 되어 심다한 모욕과 학대로써 지내게 하였을 뿐 아니라 남성의 횡포와 사학[肆虐, 사나운 짓을 함부로 함]은 여성의 존재와 생활 의의를 극단으로 유린·몰각하고 여성으론 이것을 인종·감수하게 함이 사회 양성 생활의 현황이다.

때의 흐름은 언제까지든지 여성으로 하여금 모욕적인 불공평한 차별대우로 만족함을 허치 아니하여 이성理性의 속박에서 자유로, 차별로부터 대등한 인격적 대우의 획득에 진출코자 여성의 활약을 보게 됨에 이르렀다. 이에 추수[追隨, 뒤좇아 따름]하야 일어난 것이 일본의 소위 민형법 개정과 여성의 공민권 부여의 신법률로서 그것이 제정되어 불일 의회에 상정하게 됨이다.

1. 남자의 정조에 대하야 법률상 하등 제재와 구속이 없었고, 다만 여자에 대하야만 정조의 엄격함을 요구하였고 과혹한 제재를 가하여서 여성의 정조는 그의 전 생명이며 정조 이상의 존귀한 것이 없게 되어있는 반면으론 일부다처의 악풍과 극단의 불품행不品行에 대하야 법률상 일언반구의 제재가 없어서(유부의 부[有夫의 婦, 남편 있는 부녀자]의 불행적不行跡에는 철창 냉반의 징역형과 축방[逐放, 내쫓음] 파경의 이혼, 절연 등의 엄혹 과중한 제재가 있어서 개인과 가정은 물론 사회적으로 일종 인격적 파산자의 경지에 빠트려 일생의 전도를 암흑 비참케 하나) 남성은 어떠한 불품행·불행적이 있다더라도 하등 차별과 부끄러움, 불명예를 갖지 아니함은 물론 오히려 공공 당연 행사와 같이 알게 되어 부부의

갈등, 가정생활의 파탄이 매일 되풀이되고 감춰지게 된다.

형법의 소위 간통죄에 남자 정조의 규정을 가입하여 양성 정조를 평형적으로 요구코자 함이 전기 결함을 교정코자 함에 있다. 즉 남자도 유부의 부를 간음하면 유부의 부 동양으로 처벌함이다. 그러나 유부의 부 이외의 여성, 즉 유녀나 직업적인 음녀淫女에 대한 남성의 음행을 간과케 됨은 남성의 간교한 수단과 무부녀無夫女의 직업적 음행 도량[跳梁, 거리낌 없이 함부로 날뜀]을 조장할 우려가 없지 않고 양성 정조의 평형을 유지치 못함은 중심을 잃은 기형 법안이라고 아니할 수 없다.

2. 종래 이혼 조건에는 여성의 불행적만 이혼 조건이 되고 남성의 불행적은 이혼 원인이 되지 아니하였으나 민법 개정안에는 남자의 불품행도 이혼 조건이 되게 되었다. 남자가 간음죄로 처벌이 되지 않고 아내에게 상당한 생활비를 공여하여 가정의 경제생활상 하등 불만족이 없더라도 연야의 홍등녹주와 유두분음油頭粉音에 출몰하여 처의 초조와 번민을 도외시하는 남자에 대응하여 처로서 남자에게 이혼을 요구할 수 있는 동시에 남자에게 재산의 상당 분배를 요구할 수 있으며, 이와 반대로 여자의 불품행으로 이혼케 된 시에 여자가 상당 재산 있으면 남자에게 재산을 상당 분배할 수 있고 또 남자가 여자에 대하야 사랑의 고갈이니 성격 취미가 불일치이니 마음에 맞지 않는다고 가라니 오라니 하는 소리는 못 할뿐더러 이런 경우로서 이혼하게 될 때에도 재산의 분배를 하게 됨은 남자에 대한 적지 않은 통봉[痛棒, 호되게 매질하는 방망이]이며 여성으로 개정법안의 이 규정에

대하야 다소간 유쾌의 미소를 금치 못할 것이다.

이와 같은 경우에 대개 여성은 무재산자無財産者인 것만큼 손해는 남자에게 귀착될 것이 사실이다.

이혼 원인에 대한 여성의 권리가 확장되는 반면으로 종래의 이혼 원인 중 처가 간통했을 때 운운의 규정을 처의 부정행위가 있을 때라고 개정하여 간음만 원인이 될 뿐 아니라 처가 성적 관계가 비록 없더래도 이성과 연모를 하거나 여자답지 못한 부정한 행위가 있을 때는 역시 이혼 원인이 된다.

3. 남자가 처 이외의 이성지간에 탄생한 자녀를 남자 호적에 입적하면 이것을 서자라고 하여 적자 없을 때에 적자와 동일한 대우를 하게 되었다. 그러나 개정 민법에는 처의 승낙 없이는 집안에 들일 수 없다. 즉 처의 승낙 없는 서자는 아버지에 대하야 아버지라고 호칭할 수 있으나 적모[서자가 생부의 본처를 이르는 말]에 대하야는 어머니라고 호칭치 못하며 적모도 자기의 자식 아니라고 거부할 수 있으며 적모 사망 시에 서자는 유산 상속할 권리가 없게 된다.

4. 사생자私生子, 서자 칭호의 폐지. 본처 이외에서 출생한 자녀로 친부가 인지 수속을 하지 아니하면 이것을 사생자라고 하고, 인지를 하면 친부 호적에 입적하여 서자라고 하였다. 서자나 사생자가 종래 가정적·사회적으로 굴욕과 학대, 비인격적 대우를 받아 왔으며, 그 아비와 자식 간에, 그 형제 간에 극단의 차별과 사회적 모멸의 천대로 인해 전인구 기할의 원루[怨淚, 원망의 눈물]를 먹게 하였다. 민법 개정안에 서자, 사생자 호칭을 폐지하는 것은

이와 같은 악습을 없애고자 함에 있다.

5. 현대 여성의 가장 큰 굴욕은 무엇보다 혼인 후의 인격 제한에 있다. 혼인 전 처녀로 있을 때에는 법률상 완전한 인격자로 권리 의무 향유에 거의 남성과 동일한 대우를 받게 되었으나 일단 혼인한 후에는 각양각색의 제한과 구속을 받게 되었다. 남자의 승낙 없이는 차재, 보증, 증여, 소송, 상속의 승인과 포기, 부동산·중요 동산의 처분 행위를 일절 금하였으며, 신체의 구속을 받을 노무와 기타 사소한 행위까지 거의 남자의 승낙 없이 못 하게 되어 법률상 미성년자나 심신모약자인 무능력과 같이 대우하여 완전한 비인격자로 돌리고 말았다. 개정 민법은 처의 능력의 형식을 개정하여 일가 평화를 유지할 필요의 정도에 한하여 남자의 동의를 요하게 하여 부동산과 중요 동산의 취상取喪 행위·증여, 부담부수증負擔付受贈, 영업, 차재, 보증, 소송 행위, 신체를 구속 또는 속박하는 노무에만 남자의 동의를 요하게 하고 이외에는 남자의 동의 없이 여자의 자유에 일임하게 되었다.

6. 종래 처의 재산에 대하야 부부 재산제의 항목을 규정하여 남자는 처의 재산을 관리하게 되며 처의 특유재산을 인정하여 여자가 혼인 전부터 얻은 재산이나 혼인 후 여자 명의로 얻은 재산이나 혼인 때 받은 옷장과 의복, 장신구 등은 여자의 특유재산으로 인정한다. 남자는 이것을 임의로 매끽·입질 못 할 뿐 아니라 남자 채무의 집행도 만나지 아니하게 된다. 가정생활에 요하는 재산 중 부부 양방의 소유가 명확지 아니할 때는 부부 공유 재산으로 인정케 되었으며 부부생활상 필요품 매입 또는

생활상 필요한 채무에 대하야 부부 연대 책임이 있게 되게 되어야 남자의 애정이 부족한 여자가 의복이 없어 옷감을 외상으로 매입하였을 때 남자가 대금을 지불 못하겠다는 소리를 못할 것이 이 법안의 애교이며 적절한 규정이다.

7. 남자가 사망하거나 은거하면 정당한 상속자 있는 이상 처 된 여자는 그 유산에 대하야 하등의 권리가 없어 방탕 패려자悖戾者가 상속하면 의식衣食의 길을 잃고 노두를 방황하는 참경을 날로 보게 됨이 근일의 세상이다. 개정 법안에는 사망 또는 은거하는 자의 처는 물론 그 여식까지도 유산의 상당 분배를 받아 생활보장의 길을 강구하여 그 분배율은 연령·건강·기능·직업 등을 고려하고 참작하여 친족회에서 결정하되, 만일 결정이 되지 못하면 가사 재판소에서 최후의 심판을 하게 된다.

이번 민형법 개정안의 대요[大要, 대략적인 요지]는 여성에 대하야 다소 권리의 확장이라고 볼 수 있으나 미온적이고 불철저한 만큼 신진 여성의 폭노[爆怒, 폭발하는 노여움]를 면치 못할 것임은 더 말할 것 없다.◆

삼천리 제3권 6호
1931년 6월 1일

형매[兄妹, 오누이] 간 연애와 혈족 결혼 가부론

1. 형매 간에도 연애 감정이 생기는가?

2. 혈족 결혼을 하는 것은 어떠한가?

요즈음 심의 중의 조선민법개정위원회의 손으로 친족법이 다소 변경될 듯하다는데 그 결과로 혈족 결혼에 대한 어느 정도의 자유가 인정되게 되리라 합니다. 여기에 따라서 우리가 문제 삼아 좋을 것이 즉 형매 간의 연애 문제일 것이외다. 오빠와 누이 사이에 연애를 하고 결혼하는 것이 과연 죄악일까 아닐까. 또는 모녀가 같은 한 사나이와 사랑하는 것도 죄악일까 자유일까. 『삼대의 사랑』 모양으로, 이제 법조계·의학계·사상계 제씨의 여기에 대한 견해는 많은 암시를 던져 줄 것이다. (편집국)

난륜亂倫과 연애 자유 문제

정칠성(여성운동가·사회주의운동가·정치가)

사회주의자의 처지에 서서 말할지라도 같은 친척끼리 연애하고 결혼하는 것은 그리 좋은 일이 아닌 줄로 압니다.

세상에서는 로서아[러시아]의 새로운 사상가라 하는 코론타이[콜론타이] 여사가 쓴 『삼대의 사랑』을 보고서 흔히들 사회주의의 사회에서는 한 사나이가 어머니와 그 딸을 동시에 육체적 관계를 맺어도 좋은 줄 잘못 알고 있는 모양이지만 『삼대의 사랑』이라 함은 성적 해방을 주장하기에 너무 급급하여 극단의 사실을 상상하고 쓴 것이며, 또 그는 과도기 변태적 연애의 양상일 따름이고 결코 정상적 태도가 아닌 것을 기억하여 주셔야 하겠습니다. '이렇게 어머니와 그 딸을 동시에 사랑하여 육체적 관계까지 맺는 일조차 있다거든, 하물며 같은 부모의 배를 가르고 나온 한 구들 안의 오빠 누이 사이에야 얼마나 많이 연애를 하고 결혼을 할 것인고?'하고 연달아 이런 사실까지 생각하실 분도 많으실 줄 압니다. 그야 극단이지만 실제에 일어난 사실 가운데는 로서아 뿐 아니고 가까운 곳곳에서도 형매끼리 사랑하여 자식까지 낳은 일이 있다고들 합니다.

가까운 한 가정에서 아침저녁 서로 대하게 되고 그 후에 또 서로 아름답다거나 정답거나 하야 그가 동경하는 대상이 되었을 때에 친누이라고 사랑이 일어나지 말란 법이 없겠지요. 어떤 경우에는 인간성이란 분마와 같이 이지理智보다 더 강렬하여 감정이 명하는 대로 움직이는 일이 많으니까 이러한 까닭에 형매 간의 연애가 성립되지 않을 이치가 없겠습니다. 야만 인종 간의 풍속을 보면 심지어 모자상간 같은 일까지 있지 않습니까.

그러나 아무리 생각하여도 형매 간에 연애한다거나 『삼대의 사랑』 모양으로 모녀간에 삼각관계가 성립된다 함은 과도기의 한 변태적 현상이고 그것이 옳은 태도가 아닌 줄 압니다. 사회주의의 사회라고 난륜이야 허락할 까닭이 있겠습니까. 이 점은 오히려 뿔조아[부르주아] 사회보다도 일층 더 엄격하지 않을까 하고도 생각됩니다.

그런데 우리네 조선 사정을 보면 깊고 깊은 규방 속에 과년한 색시나 남편 잃은 과부를 봉쇄하여 두었던 결과로 여자는 규방 출입을 할 수 있었던 가장 가까운 친척과 정을 통하게 되어서 그 때문에 아이를 낳게 되어 그를 '죄의 씨'라 하여 남몰래 눌러 죽이거나 땅에 묻어 버리었다가 발각되어 징역살이하는 비극이 얼마나 많이 있었습니까. 영아살해라는 것은 조선의 비개방주의적 대가족 제도가 낳은 근친 간의 난륜이 준 죄악의 결과였던 것이 대부분입니다.

어찌 과부나 처녀에게만 이러한 죄악이 있었겠습니까. 내방의 부인과 그 삼촌 또는 시조카들 사이라든지 실로 추악한 사실이 가끔 있었습니다. 이러한 것이 물론 공공연한 혈족상혼은 아니지만 결과에 있어서 혈족상혼이 과거 사회에 얼마나 많이 유행되었던가 함을 알 수가 있습니다.

그러나 지금은 사회 사정이 매우 달라지게 되어 가정도 대개 개방적이 되고 교육이 보급되고 대가족 제도가 한쪽으로 자꾸 붕괴되어가고 있으므로 혈족상혼적 비극이 숨어 들어갈 구멍이라고 없이 된 줄로 압니다. 이것은 다행한 일이외다.

다만 이러한 점은 우리는 용서할 것인가 합니다. 즉 어떤 사내가 자기 처와 같이 살다가 그 처가 병들어 죽었다 합시다. 그러한 경우에 그의 처제가 있다면 그에게 장가들어 전처의 자녀들까지 잘 길러주며 부부 생활하여 가는 것을 이것을 난륜이라고 볼 수는 없을 것이외다.

이러한 실제의 예는 조선에서는 그렇게 많지 못한 듯하나 일본 사회에서는 많이 유행하고 있는 줄로 압니다.

혈족상혼을 시인하는 법률이 새로 제정된다 하여도 우리의 고유한 도덕—어떤 도덕이든지 물론 그 시대에 따라 변천할 것이겠지만—은 이것은 환영하지 않을 것이외다.

종족 저하와 풍기상으로 반대

허영숙(의사·언론인)

우리 조선사람들은 수천 년 간 같은 친족끼리 하는 혈족 결혼을 굳이 피하여 왔습니다. 다시 말하면 아버지 계통父系의 사촌오촌의 남매, 숙질은 물론 멀리 십수 촌에 미치는 원척 사이에도 이것을 피하여 왔고 또한 어머니 계통母系인 외갓집의 친족까지도 결혼을 아니 하는 풍습을 이어 왔습니다.

그뿐입니까. 본이 같아도, 심지어 성이 같아도 결혼을 되도록 피해 왔습니다. 같은 전주 이 씨와 전주 이 씨, 함안 김 씨와 함안 김 씨는 십중팔구 그 짝을 짓지 않는 것이 예였습니다.

이것은 오늘날도 엄연히 지켜오는 사회적 무형의 율법이외다.

그러면 같은 친족 사이에는 사랑이 생기지 않느냐 하면 그런 것은 아니외다. 오히려 사회적으로 남녀교제 기관이 적은 동양, 그중에도 특히 조선 같은 곳에서는 친척끼리는 서로 내외 없이 통래할 수 있으니까 접촉하는 기회가 자주 있게 됨에 따라서 친근하여지기 쉬운 이점을 가지고 있습니다.

그런 까닭에 가령 사촌 사이, 육팔촌 사이의 오누이 간에 애정이 더욱 농후하여지는 폐가 있습니다.

극단으로 말하면 같은 부모의 배를 가르고 나온 친누이 동생 간엔들 연애가 생기지 말란 법이야 있겠습니까.

그러나 조선의 도덕과 전통은 이것을 준절히 금지하고 있습니다. 멀리 옛 태고 난혼 시절에는 모르지만 적어도 부권제가 확립되고 일부일처제가 서기 시작한 뒤부터는 조선 사람으로 혈족 간 결혼이란 것을 사갈[뱀과 전갈] 같이 피하여 왔습니다.

그러나 일본은 우리 사정과 다릅니다. 거기서는 어머니 계통의 육촌 남녀부터 결혼하는 것을 그렇게 꺼리지 않습니다. 아버지 계통도 그것이 조금 먼 다리에 있으면 또한 통혼하고 있습니다.

그러나 나는 이 혈족 결혼이란 것을 굳게 반대합니다. 어째서 그러냐 하면 첫째 우생학상으로 보아 절대로 배척하여야 할 것이니 대개 의학상으로 보건대 인류 창조하는 남녀 간 세포는 딴 유형과 유형의 접촉일수록 그 종족은 우량하여집니다. 같은 세포와 세포끼리 마주치면 그 자극과 활동의 도가 미약하여 출생하는 자녀도 키가 작고 머리가 부족한 열등 인종을 산출하게 되는 것이외다.

자기 누이와도 살아서 아이를 낳고 심하면 자기 딸하고 관계하여 자녀를 낳는 저 아부리까[아프리카] 미개인의 종족을 보면 가히 알 것이니 밤낮 같은 혈족끼리 결혼하기 때문에 그 종족은 몇십 년 몇백 년 간대야 체격상으로 진보가 없고 머리도 항상 미개인의 지경을 벗어나지 못하고 있습니다.

그 반면에 되도록 연이 먼 가령 아메리카 사내와 불란서[프랑스] 여자 사이에 생기는 자녀들에게는 천재가 많다 하는 사실을 우리는 늘 보고 듣지 않습니까.

그러므로 종족의 체격과 지식의 발달을 위하여 첫째 혈족 결혼을 반대하고.

둘째, 가정의 풍기를 위하여 즉 난음의 폐해를 막기 위하야 이것을 반대합니다. 조선도 서양과 같이 가족 제도의 분해 작용이 심하야 그 가족의 단위가 심히 단순하고 경편하다면 몰라도 그렇지 않은 한에서는 반대하지 아니할 수 없겠습니다.

조선의 민사가 개정되어 혈족상혼을 허락한다 하여도 즉 법률로는 자유의 길을 터놓는다 할지라도 조선 사람들은 혈족 결혼을 절대 금지하여 오던 도덕과 풍습을 고치지 않을 줄도 생각합니다.

법률과 형매 간 연애

변호사 김병로(법조인·정치인·독립운동가)

법률상으로 보아서 오빠와 누이 사이에 연애할 수 있느냐, 또한 오빠 누이 사이만 말고 혈족 간 즉 일가 간에 연애하고 결혼할 수 있느냐, 그를 알기 위하야 우리는 우선 현행 민법의 조문을 들추어 보자.

- 직계혈족 또는 삼친 등의 방계혈족 간에 있어서는 혼인함을 부득不得함(제769조)
- 직계인족 간에 있어서는 혼인함을 부득함(제770조)
- 양자와 그 배우자, 직계존속 또는 그 배우자와 양친 또는 직계존속과의 사이에 (중략)는 혼인함을 부득함(제771조)

이렇게 되었다. 즉 비록 결혼을 하였더라도 법률상 그 효력이 생기지 않는 결혼에 이상의 세 가지가 있다. 아버지 계통 간에 친누이와 결혼 못 할 것과 외갓집 즉 어머니 계통에도 삼등친까지는 안 되고, 양부양녀 간에도 아니 된다.

조선의 실제 형편은 어떠하였던가 하면 조선 사회에는 삼강오륜이요, 충효 등을 고조하는 주자학파의 학설이 전성하여서 심지어 불취동성까지 주장하였다. 성이 같고 본이 같은 사람(예를 들면 같은 경주 이 씨와 경주 이 씨, 강릉 김 씨와 강릉 김 씨 간) 더 넓게 잡으면 같은 김가 사이, 박가 사이는 결혼하는 것을 막아왔다.

실상, 이 도덕은 구정[九鼎, 중국 우왕 때 금을 모아 만든 솥으로 무거운 것을 뜻함]의 무게를 가지고 우리 사회에 군림하여 모든 사람에게 복종을 강요하여 왔다.

그러나 여기에는 예외가 많은 것을 우리는 기억하여야 한다. 이런 설을 주장하던 주자 자신도 어떠하였던가, 그도 조카사위로 같은 친척의 남자를 맞아들였다. 조선의 도학자 가정에도 원근친족 간에 상혼하는 예는 가끔 있었다.

오빠와 누이 사이에 연애가 일지 않으리라고는 누구나 단언하지 못할 것이다. 그 실례로는 극도의 문명을 가진 곳과 극도의 미개한 지방의 예를 보면 알 것이다. 감정과 사상이 대단히 발달하지 못한 아불리까[아프리카] 등지의 미개국, 또는 반미개국에서는 친형매의 결혼이 성행하고 있는 것을 볼 수 있으며 또 도덕과 예의, 전통 등을 일체 부인하는 자유분방한 어떠어떠한 곳곳에서는 그를 시인하려 하는 경향이 보인다.

연애란 관능을 따른다. 아름다운 것, 부드러운 것, 우미하다는 것 등 감탄이 발하여질 때 거기에 혈통뿐이 가로막는 것으로는 제재할 힘을 잃기 쉽다.

그러므로 도덕이란 방패로 임시 임시 그를 막아올 따름으로 물과 같은 흐르는 연애를 혈족 간이라고 막을 재주가 없을 것이다.

근대의 대자본주의적 경제 제도는 필연적으로 봉건적이던 종래의 가족 제도를 깨트리고 있다. 이때에 있어 친족 간 결혼 회피의 사조는 어느 정도까지 계속되어 갈 것인지 흥미 있는 일이리라. 다만 마지막에 이 한마디는 할 수 있다. 민법이 개정되어 혈족 간 결혼이 다소 자유 된다 하여도 너무 오랫동안 인습에 젖은 조선 사회에서는 얼마나 적용하려 할까 함이 큰 의문이다. 두고 볼 일이다.

우생학상으로 반대

의학박사 박창훈(외과의사·고미술품수장가)

우리 조선 사람들은 불취동성이라고 하여 동성 간의 결혼까지 마다하면서 실제 사정에 들어가 보면 남인은 남인들끼리, 북인은 또 북인들끼리, 노론 소론은 노론 소론들끼리 제각기 반족 구별을 따라서 결혼을 하고 지내니 이것이 넓은 의미로 보아서 혈족 결혼이 아니고 무엇이리까.

그러나 일본 사람 모양으로 아버지 계통의 육촌 남매서부터 결혼하는 것 같은 극단의 근친 혈족 결혼은 없어 왔습니다.

나는 의학자이니까 의학자의 견지에 서서 혈족 결혼이 우생학상으로 보아 우리들 인류 종족에게 어떠한 이해를 끼치는가 함을 상고하여 볼 필요가 있는데, 근대의 의학은 혈족 결혼을 나쁘다고는 판단하고 있습니다.

첫째, 혈족 결혼을 하면 그 사이에서 나오는 어린아이가 키가 작고 몸집이 가늘고 선천적으로 기력이 약한 것.

둘째, 이해력과 기억력 등이 박약하여 두뇌가 저능아가 많은 것.

그러나 한 걸음 더 나아가서 그러면 혈족 결혼을 하면 어찌 하여서 그렇게 신체나 두뇌상에 열등한 자녀가 많이 생기느냐 하면 그것을 설명하지 못합니다. 그만치 현대 의학의 발달이 유치한 까닭이겠지요. 다만 혈족 결혼이 아닌, 다시 말하면 영국 사람과 미국 남녀 간에 난 아이라거나, 로서아 아버지와 조선 어머니 사이에 난 아이에게는 특별한 천재가 많이 나는 것을 봅니다. 그러니까 먼 사람과, 먼 사람끼리엔 이러이러하니까 그의 반증으로 이렇게 혈족 결혼의 폐해를 간신히 증명하고 넘어갈 뿐입니다.

일본에 혈청학계의 권위인 나가이 히소무란 학자가 있습니다. 그분에게 혈족 결혼에 대한 연구 저서가 있는데 그 책을 보아도 혈족 결혼과 저능아 관계에 대하야 단정적 결론을 내어 세우지 못하고 말았습데다.

이 밖에 여러 학자의 소론을 보아도 철저한 과학적 증명이 없었습니다.

그러면 동양 의학은 이를 무어라고 하였느냐 하면 주자학파가 조선의 도덕을 지배한 이래로 친족 사이에 결혼하는 것을 엄격하게 금하여 왔습니다. 그러나 이것도 무슨 과학적 근거가 있어 그랬느냐 하면 그런 것이 아니고 윤리학적 견지에 서서 그때 도학자들의 견해가 의학자의 머리까지 지배하였던 까닭인 줄 압니다.

어째서? 옛날의 조선은 그 가정이 오늘보다도 훨씬 집단적이었고 대가족제 시대였으니까 만일 성도덕 방면의 제재를, 친족 남녀 간의 교제를 다소라도 완화시켜 놓는다면 놀라운 난륜의 결과가 일어나고 말 터이니까 그 폐해와 비극을 피하느라고 그리한 줄로 압니다.

우리는 인류학에서 원시 시대의 남녀 관계를 봅니다. 사촌, 육촌의 누이는 고사하고 오히려 저를 낳은 어머니, 조모 등과도 관계하던 그 모양을, 또 불란서 루이 왕실에서는 황태자가 등극하면서 부왕의 황제 시대에 총애를 받던 총비를 그대로 왕후로 삼고 즐기던 일을.

또한 쎅스피어-[셰익스피어]의 붓으로 그리어진 함렛[햄릿]의 육친 간의 비극을.

모두 부녀상간 등의 지독한 혈족의 난륜들을. 이러한 것은 우리로 앉아서는 준절히 피하여야 할 줄 압니다.

혈족 결혼! 그것은 인류의 문명을 역전시키는 것밖에 다른 무엇이 되리까.

이 점에서 혈족 결혼을 피하여 오던 조선 재래의 윤리 도덕은 옳았던 것이외다.

그러면 오누이 간 연애하여서는 안 된다는 문제도 저절로 낙착을 지을 줄 압니다. 이미 결혼하는 것이 우생학상, 도덕상 불미한 것이 판명된 이상, 결혼의 초기 현상인 연애 그것인들 좋을 까닭이 있겠습니까요.

이 말은 오누이 간에는 연애가 성립되지 않느냐 하는 말과는 아주 다릅니다. 둘이 다 사람인 이상에 이성 간에만 가질 수 있는 애정이 생기는 경우도 있겠지요. 일본사람이 지은 소설이나 고백을 보면 사촌누이를 사모하는 기록 같은 것은 실상 많으니까.◆

삼천리 제3권 7호
1931년 7월 1일

신여성들은 남편의 밥과 옷을 지어 본 적 있는가? 없는가?

김경재(사회운동가·언론인)

씨는 2년 전 출옥한 사회운동가. 씨의 부인은 몇 해 전 숙명여자고보를 마친 뒤 기자로 문명을 날리고 있던 규수 시인 차묘석 씨로 쓰윗트·홈[스위트홈]은 숭사동 춘채밭 옆에 있다. 단 두 분과 아드님이 사신다.

나는 결혼 이후 아내가 지은 밥과 아내가 지은 옷을 입고 지금까지 살아왔소. 그가 얼마만한 작식作食, 작의作衣의 재능을 여학교 시대에 배워두었는지는 모르나 쌀을 익히고 끓어온 옷감으로 바지, 저고리 만들 줄은 잘 알더이다.

이렇게 지내어 오다가 요즈음에는 날도 몹시 덥고 어린아이 양육에 모체가 몹시 지치는 모양이기에 처음으로 수일 전에 어멈 한 사람을 얻어다가 밥 짓고 빨래를 하게 하였습니다. 그러나 우리 집은 밥과 옷은 역시 아내가 지어준다고 볼 것이외다.

박경희(성악가)

여사는 동경음악학교를 마치고 상해에 이르러 3년간을 음악 전공한 조선 유수의 성악가요, 그의 부군은 《조선일보》 사원으로 약소 민족 운동의 권위인 이여성 씨인 바 쓰윗트·홈은 시내 익선동 집에 있다.

상해에 있을 때에는 그분이 장만할 거리를 사 오면 제가 음식을 지어 대접했지요. 그 대신 제가 해산하느라고 상해 보산로寶山路의 그 외국인 아파-트멘트에서 신음할 때는 간호사와 함께 그이가 더운물도 끓여주고 죽도 쑤어주더구먼요.

귀국한 뒤는 식솔도 많게 되고 어린아이까지 가진 몸이 되매 일일이 작식할 겨를이라고는 없어 대개는 식모를 두고 밥을 짓게 합니다. 그러나 늘 나도 부엌에 나가서 반찬과 밥 짓는 것을 감독하는 것은 물론입니다.

혹 시골 계신 시아버님, 시어머님께서 다니러 오신 때에는 작식에 일층 주의하여야 하겠기에 제가 팔을 걷고 부엌에 나서서 일을 합니다. 그러나 이것은 흔히 없는 일이니까 근래는 제 손으로 밥을 지어 남편에게 대접할 기회라고는 드물다 할 것이외다.

옷은 늘 양복을 입고 지내시니까 별반 조선옷을 짓는 일은 드뭅니다. 그리고 내복 같은 것도 자연히 어멈의 손을 빌려 빨게 됩니다.

김형원(시인·언론인)

씨는 《중외일보》 편집국장이오, 인생파 시인으로 저명하며 씨의 부인은 진명여자고보의 교수로 계신 김 씨. 쓰윗트·홈은 두 분이 공동 설계하여 지은 신교동 신가에 있는데 슬하에 수삼 혈육이 있다.

밥은 아내가 짓습니다. 학교에 다니면서도 아침이면 나보다 갑절 빨리 일어나서 지어주며 또 옷으로 말할지라도 그가 전부를 지어줍니다. 전부라야 나는 항상 양복을 입고 있으니까 내 몸에 붙이는 헝겊쪽이라야 내복 따위겠지만 전부를, 양말까지 전부를 그가 빨아 다려주기에 입고 있습니다.

요행이라 할는지요. 그가 마침 학교에서 가사과를 담당하고 있으니까 내 입으로 말하기는 좀 계면쩍으나 밥 짓고 옷 하는 일은 어지간히 잘하는 모양입니다.

최의순(언론인)

씨는 동경여자고등사범 출신 현 《동아일보》 기자. 씨의 남편은 전 와세다 대학 출신의 전 휘문고보 교사 진장섭 씨.

예전에는 그렇지요. 아마 신혼 초에는 집안에 별로 노는 사람도 없었으니까 제가 대개 밥을 지었지만, 어린아이를 가지게 되고 또 출근하는 곳의 시간도 엄수하게 됨으로부터는 어쩔 수 없이 어멈에게 맡기기도 합니다. 요즈음에는 제가 몸도 약하기에 동대문 안으로 집을 옮기고 어머니와 같이 지내게 되어 자연히 어머니께서 지어주시는 때도 많습니다.

옷도 예전에는 제가 지었으나 지금은 별로 짓지 못합니다. 짓는대야 늘상 양복을 입고 지내시니까 별로 지을 것도 없지마는….

최용환(언론인)

씨는 《동아일보》 기자. 부인께서는 현 여자상업학교 교수로 동경여자고사 출신.

아내나 나나 모두 아침부터 저녁때까지 바깥에 나가 일하는 직업을 가진 몸들이매 자연히 집안 가사 범절은 어멈 손에 맡기지 않을 수 없습데다. 그러기에 아침저녁 우리가 먹는 음식은 모두 어멈이 지어줍니다. 그렇지마는 결혼한 지 삼 년 동안에 두어 번은 아내가 지어준 밥을 먹어본 적이 있을걸요. 아내가 지은 밥을 남편이 먹는 것이 행복스러운 일임은 틀림없겠지만 여러 가지 사정에 그렇게 못 됩니다그려.

옷도 역시 마찬가지외다. 다행히 나는 항상 양복을 입고 지내니까 까다롭게 가을, 봄 철찾아 조선옷을 지어 입을 필요는 없으나 그러나 내복까지도 어멈이 빨아주기를 기다리게 되니…. 이것 역시 시간 관계로 어쩌는 수는 없는 일이지마는.

정석태(의사)

씨는 독일 의학박사. 시내 다옥정 지성병원장. 부인은 평양 모 학교 출신. 쓰윗트·홈은 다방골의 병원에 연속하여 있다.

조선은 더구나 서울은 가정제도가 으레 하인을 두고 지내게 되었으므로 아내가 설사 자기 남편에게 밥을 지어주고 싶어도 그러하기 곤란하게 된 듯합데다. 의복 따위도 마찬가지지요. 그러기에 아주 정성이 있는 아내를 가진 남편이면 반찬이나 지어주는 것을 받을 수가 있을는지요.

그러나 우리 집안은 그렇지 않습니다. 아마 대개는 아내가 지을걸요.

의복도 양복을 밤낮 입고 있으니까 별일은 없지만, 내복 따위는 아내가 빨아주더이다.

김일엽(문인·여성운동가·언론인·승려)

씨는 여류 문사. 씨의 남편은 시외 성북동 보통학교장. 쓰윗트는 시외 성북동에 있다.

우리는 단둘이 있으매 음식은 대개 제가 짓습니다.
의복도 제가 합니다.

안정옥

여사는 근화학교 출신. 씨의 남편은 소설가요 전《조선일보》기자인 심훈 씨. 쓰윗트·홈은 서대문 밖에 두었다. 작추에 신혼.

하인을 둘 처지가 못 되어 집안에 오직 그와 저와 단둘이 살게 되매 아침저녁 끼니를 제가 짓지 않으면 지어줄 사람이 누가 있겠습니까. 그러기에 신혼한 이튿날부터 부엌일은 제가 도맡아서 합니다. 그것이 조금도 괴롭지 않고 오히려 얼마나 유쾌한지 모르겠습니다.

의복은 그이가 늘 양복을 입으시니까 별로 꾸며 맬 것도 없지마는…. 그러나 양말이든지 내복이든지 모두 제가 빱니다. 그가 저 손수 가끔 빠는 때도 있지마는….

허영숙(의사·언론인)

여사는 동경여자의전을 마쳤고 부군은 《동아일보》 편집국장 이광수 씨. 결혼한 지 7, 8년. 어린아이 둘이 있고 쓰윗트·홈은 시내 숭삼동에 있다.

춘원은 항상 건강을 잃기 쉬운 몸이므로 일상 거처와 음식에 각별히 주의하여야 합니다. 그리고 제가 그이의 병을 잘 알매 아침저녁 잡수시는 것, 그중에도 신선한 채소로 반찬을 하여 드리는 것에는 제가 각별히 주의하여야 합니다. 밥 같은 것은 집에 어멈을 시켜 짓지마는 반찬은 반드시 제가 만듭니다.

그리고 요즈음은 신문사에 출근하시느라고 늘 양복을 입으시므로 별로 손질할 것이 없으나 집에 계실 때에 입는 조선옷은 대개 제가 지어드립니다.

심은숙(여성운동가)

여사는 근우회의 투사, 부군은 신간회의 홍기문 씨. 쓰윗트·홈은 시내 종로4정목에. 가정에는 어린 아들 한 명이 있다.

서울의 일반 가족 제도를 보면 가령 신여성이 시집을 왔다 할지라도 시골과 달라서 즉시 음식을 짓고 의복을 만들게는 아니 된 듯합니다. 그것은 중인 이상의 가정에는 으레 행랑 사람을 두고 지내는 터이니까 그 행랑 사람이 집안의 음식 같은 것을 지어주는 터이니…. 그러나 저도 음식을 짓기는 합니다.

의복은 그이가 대개 양복을 입으니까 철 찾아 조선옷을 지을 필요는 없습니다. 양말 따위는 나도 빨고 자기 자신도 빨고 하인들도 빨고 하지요….

황신덕(교육자·언론인)

여사는 일본여자대학 출신으로 현직은 명성여학원 교사. 부군은 《동아일보》 기자 임봉순 씨. 쓰윗트·홈은 시외 신설리에.

결혼 이후 제가 밥을 지어 본 때도 많고 아니 지어 본 때도 많지요. 일이 바쁘면 집에 둔 일보는 사람더러 짓게 하였지요. 더구나 어린애의 시중을 하게 되면서부터는 밥이나 찬이나 만들 기회가 퍽 적었답니다. 나중엔 별 조사를 다 합니다그려, 하하하.

옷은 그이는 항상 양복을 입고 출입하니까 옷 걱정은 과히 없답니다. 혹 있다면 내복이나 와이셔츠나 양말 따위일까요. 그것도 일보는 사람에게 맡기어 세탁하게 한답니다.

분주한 직업여성인 처지에 언제 세탁까지 할 수 있겠습니까.◆

삼천리 제4권 2호
1932년 02월 01일

부인 문제에 대한 비판

박인덕 여사 이혼*에 대한—전유덕(여성운동가)씨의 견해

기자 잘 모르기는 하겠지만 요새 들리는 말에 박인덕 여사가 이혼할 적에 상대자 김운호 씨에게 위자료를 주었다고 하는데, 사실인가요?

* 박인덕(교육가·여성운동가·사상가)은 1926년 미국으로 유학 생활을 떠났고, 1931년 귀국한 직후 이혼을 요구하며 집을 나왔다. 남편의 아내, 자식의 어머니가 되기 전에 사람으로서 사회사업에 헌신하겠다고 선언했다. 이 사건으로 인해 각계의 의견이 분분하며 논란거리가 되었다. 박인덕은 우리나라 최초로 남편에게 위자료를 주고 이혼한 여성으로 화제가 되었으며 '조선의 노라'라고 불리게 되었다.

전 아마 사실인가 봐요.

기자 여사 측에서 남편에게 도리어 위자료를 주었음을 어떻게 생각하십니까?

전 내가 듣기에는 남편 측에서 위자료를 청구하므로 주었다고 합디다. 그러니깐 박 여사에게는 책임이 없겠지요.

기자 만약 박 여사 측에서 자진해서 남편에게 위자료를 주었다면 정당하다고 생각하십니까, 그렇지 않으면 부당하다고 생각하십니까?

전 글쎄요. 물으시는 말씀이 모두 어려운데요. 물론 박인덕 씨의 사정을 잘 모르는 세상 사람들의 말과 같이 박 씨가 돈만 알고 자식도 모르는 몰인정한 인간이라면 남편에게 위자료를 주어 가면서 이혼했다는 것을 부당한 일이라고 보겠지요. 박 씨의 사정을 잘 아는 자로는 부당하다고 생각지 않을 것입니다.

자녀를 남편에게 맡겨두는 것의 정당 여부

기자 박 여사가 그 자녀를 남편에게 맡겨둔 것이 과연 세상 사람들의 말과 같이 인정이 없기 때문일까요?

전 절대로 그렇지 않습니다. 그는 누구보다 인정이 많은 사람입니다. 그 딸 둘을 자기가 데리고 있으려고 퍽 애를 썼지마는 남편이 주지를 않으니 할 수 없는 일이지요. 현 사회 제도가 이혼하면 자식은 아버지를 따라야 한다는 것이니 자기가 아무리 데리고 있고 싶어서 애걸한들 무슨 소용이 있겠습니까.

기자 들으니깐 박 씨 딸들을 공부시키고 싶은 생각에서 그 남편에게 "내 자식이라는 것보단 조선 여성의 일분자이매 공부시킬 임무가 있으니 내가 공부시키게 해달라."고 해도 남편이 듣지 않는다는데요, 사실인가요?

전 사실인 듯싶습니다.

박 여사를 비난하는 사회인들을 어떻게 보십니까?

기자 박 여사가 가정을 떠나서 사회 사업에 몸을 바쳤음을 비난하는 사회인들의 비판이 정당하다고 생각하십니까.

전 남편을 섬기고 아이를 낳아서 기르고 밥 짓고 빨래하는 것만이 여사의 천직이라고 생각하는 부당한 자 이외에는 비난할 자가 없으리라고 믿습니다. 나는 요새 박 씨는 이혼 사건에 있어서 박 씨만을 악평가하는 그들에게 불평을 가지게 되는 동시에 봉건적 뿔조아[부르주아] 사회제도에 대해서 더한층 분개하게 됩니다. 박 씨가 여성이었기 때문에 지금에 있어서 세상 사람들에게 비난을 받는다고 볼 수밖에 없지 않습니까?

어떠한 경제학이 정당한가—최영숙(우리나라 최초의 여성 경제학사) 씨의 견해

기자　서전[瑞典, 스웨덴]에서 여러 해 동안 경제학에 대해서 연구하신 것만큼 이 방면에 대해서 몇 가지 물어보려고 하오니 자세하게 대답해 주십시오.

최　아는 데까지는 말씀해드리겠습니다마는 너무도 광범한 문제이면 갑자기 조리 있는 대답이 나올는지 모르겠습니다.

기자　뭐 그다지 광범한 문제는 아닙니다. 참, 그런데 스톡홀름 대학에 세계적으로 이름난 경제학자 카셀* 씨라고 있지 않습니까?

최　네, 있습니다. 그러나 그는 부르주아 경제학자이므로 학생들에게도 자본주의적 견지에서 교수하기 때문에 뭐 신통한 것을 얻을 수가 없었습니다.

기자　그러나 프롤레타리아 경제학을 연구하려면 불가불 그들의 논리도 알아야 하지 않을까요?

최　그러기에 몇 해 동안 그곳에서 고생하면서 그것을 배운 것이 아니겠습니까.

기자　자꾸만 말이 길어지는 것 같습니다마는 카셀 씨의 주요한 주장이 무엇인지요.

최　나하고는 딴판의 견해입니다. 얼핏 말하자면 과잉생산을 부인하는 반대로 최고기의 최후까지에 이르러도 고정

---

* 카를 구스타프 카셀(Karl Gustav Cassel, 1866-1945). 스웨덴의 경제학자이자 스톡홀름 대학교 교수.

자본을 극도로 이용하지 않으면 안 된다는 것과 대부
자본은 결핍하지 않는다는 등등의 논법이랍니다. 그리고
씨의 말을 들어서는 지금의 경제계가 궁핍한 것은
세계대전이 원인이고 그 후에도 오산으로 말미암아서 공황
시대에까지 이르렀다고 합니다.

기자 그러면 선생은 경제 공황의 원인이 어디 있다고
생각하십니까?

최 물으실 것도 없겠지요. 요새 어떠한 논문에든지 필두의 그
원인을 많이 논술하였으니깐요.

기자 그래도 간단히 설명해 주시면 좋겠습니다.

최 자본주의 계급은 생산의 공로자 프롤레타리아트에게
불합리한 착취를 속행하기 때문에 지금은 경제공황이
정치적으로까지 동요되고 있다고 생각합니다. 좀 더
명백하게 말하자면 자본주의 사회의 적대적 분배를 토대로
하야 생산에서 오는 자본주의는 생산력을 증진하고 생산
장치의 능률을 확장하며 상품의 생산은 증가하야 그들의
생활은 극히 평이합니다. 그러나 프롤레타리아트 계급층—
광범 대중의 소비는 극협한 범위에 국한되는 것입니다.

기자 네, 그럼 프롤레타리아 경제학 연구를 하심이
틀림없으십니다.

최 글쎄요. 어떻든 정당한 경제학을 연구해야 하겠지요.

외국 여성과 조선 여성의 경제 지식의 차이

기자 외국 여성들과 조선 여성들의 경제 지식에 대해서 그 정도가 얼마큼 차이점이 있다고 보십니까?

최 물론 말할 수 없이 떨어졌다고 봅니다. 외국 여성들은 다른 방면에 있어서도 우리 조선 여성들보다 앞섰지마는 경제에 대한 상식은 훨씬 더 앞섰다고 생각합니다. 더구나 외국 여성들은 경제적으로 독립한 자가 많구요. 또 가정에 들어앉은 부인들까지도 경제에 대해서는 많은 상식을 가졌답니다.

기자 제일 경제 지식이 발달되었다고 생각하는 여성들은 어느 나라 여성들이었습니까?

최 내가 알기에는 독일, 정말[丁抹, 덴마크], 서전 여성이라고 생각합니다. 서전 같은 나라엔 순전히 여성들만으로서 경제에 대한 기관지까지 만들어낸답니다.

기자 기관지에는 대개 어떠한 것을 싣습니까?

최 물론 경제에 대한 것이지요. 가옥 제도, 가사법, 의복제도에 대한 것인데요. 될 수만 있으면 돈을 적게 들여서 편하게 살고 잘 먹고 잘 입으려고 하는 것이랍니다.

기자 그러면 여성들이 조직한 소비조합 같은 것도 있겠습니다.

최 그럼은요. 여자소비조합의 세력이 여간 위대하지 않답니다. 나는 아직 조선 사정을 잘 모르기는 하지만 여자소비조합의 발전이 시원치 못한 것은 조선 여성들이 경제상식이 부족하기 때문이라고 생각합니다.

경제 지식의 결핍으로 일어나는 폐해와 그 개량 방침

기자 조선 여성들이 경제에 대해서 상식이 없기 때문에 일어나는 폐해가 많다고 생각하는데요, 어떻게 생각하십니까?

최 많구 말구요. 세계 어느 나라를 놓고 보아도 우리 조선 여성들처럼 몹시 노동하는 여성들은 없습니다. 그러나 시간 경제를 잘할 줄 모르기 때문에 하루 종일 가정에서 분주하게 일하지만 일의 성과가 없습니다. 원래 모든 제도가 그렇게 되어 있기는 하지만요. 무엇보다 먼저 의복 제도를 고쳐야 할 것입니다. 빨래를 자주 하게 되니 쉽게 떨어질 뿐 아니라 시간 경제도 안되고 남보다 깨끗하게 입지도 못하지 않습니까?

기자 그렇지요. 의복 제도만 개량한다면 시간 경제가 될까요.

최 그렇지도 않겠지요. 내가 생각하기는 조선 여성들은 근본적으로 시간을 경제해야 한다는 관념이 없는 것 같아요.

경제 지식이 박약한 조선 여성을 어떻게 교양시킬까?

기자 어떻게 하여야 조선 여성들도 경제에 대한 상식이 있어야 한다는 것을 느끼게 할까요?

최 나는 이렇게 생각합니다. 지식계급에 있는 선진 여성들이 소비조합 운동 같은 것을 맹렬히 해야 할 것이며 때때로 강좌나 연설회 같은 것도 열어야 할 것이라고 봅니다. 또는 기관지도 있어야 할 줄 압니다. ◆

삼천리 제4권 3호
1932년 03월 01일

학창을 떠나려는 여학생의 결혼 조건, 그들의 꿈은 어떠한가

학창을 떠나면 사회인이 된다. 그래서 그들의 단순하던 환경은 천태만상의 가지가지 형태로 변동된다. 그러나 현모양처(?)주의의 교육 제도인 학교 교육밖에 받지 못한 그들은 따뜻한 교실 안에서 얼마 안 남은 졸업 후의 자기를 머리에 그려본다.

물론 상급 학교를 목적하는 자도 있다마는 대부분은 '시집을 잘 가서 일생을 잘살겠다.'는 것이 그들의 위대한 희망이고 꿈이라고 한다.

언제가 모 여자XX학교 교장이 학생들에게 "학교는 대합실이고

학생들은 승객이요. 지금 학생들은 타고 갈 기차가 오기를 기다리지요."하였다.

이 말을 듣는 학생들은 그 의미를 잘 해석지 못 했다. 교장이 말한 의미는 다름 아니라 학생들이 배운다는 것이 자기의 어떠한 사명을 깨닫고 배운다는 것보단 다만 시집, 즉 남편을 잘 만나기 위해서 배운다는 의미였었다. 어찌했든 사물을 관찰할 줄 아는 교장의 관찰이 틀리지 않았으리라고 긍정된다.

그러면 대합실에서 그들은 어떠한, 어디로 향하는 기차를 타면 주저 없이 타겠다는 생각인지 참고삼아 알아보는 것도 헛된 일은 아닐 것 같아서 어떤 날 기자는 시내 모 여자고등보통학교로 찾아가서 그들 학생들의 결혼 희망을 들어보았다.

인제 그들의 솔직한 고백 그대로를 아래에 나열하여 보자.

1. 남편 될 상대자?

나이 어린 남편은 장차 어떻게 맘이 변할는지 모르니 나이가 지긋한 서른 살 내외의 남자가 좋다는 학생이 3분의 2나 되고 나이가 너무 많으면 사랑은 한다고 해도 재미가 없어서 어떻게 사느냐고 한두 살 이상의 남자가 좋다는 여학생이 3분의 1이나 되었다.

2. 상대자의 교양 정도

대학 출신을 원하는 자가 20명, 전문학교 출신을 원하는 자가 15명, 기타 사립고등학교 출신을 희망하는 자가 10여 명이었고 중학교 출신이래도 괜찮다는 학생이 2명, 학력 없이 상당한 교양만 있어도 좋다는 학생이 7명이었다.

3. 어떤 직업을?

자기의 몸을 희생하면서도 사회를 위해서 일하는 사회운동자를 요구하는 학생 5명, 신문·잡지 기자를 원하는 학생이 7명이고 은행·회사에 근무하는 회사원을 원하는 학생도 11명이나 되는데 그 외의 대부분은 문필 생활하는 문인을 원한다고. 종교가와 실업가는 별로 원하지 않는다니 웬 까닭인지.

4. 수입의 정도는?

생활 안정이 될 만한 수입은 있어야 한다는 학생이 반 이상이고 한 달에 30원가량의 봉급으로 근근이 살아가는 것도 재미있겠다고 말하는 학생도 있었다.

또한 "한 푼의 수입 없이라도 뜻만 맞으면 살지요."하는 학생도 4, 5인쯤 되었다.

5. 체격은?

"키 큰 남자—다리가 길쭉하고 키가 훨씬 커서 양복이나 조선 의복을 입어도 잘 어울리는 남자가 좋아요."하고 얼굴을 손으로 가리면서 호호호 웃는 학생도 몇 명 있었고 "보통이면 만족이지."하는 학생이 반 이상이었으며 "체격이야 어떻든 인격이 훌륭하고 맘이 좋고 내 이상에 맞으면 일생을 같이할 상대자라고 생각합니다."하고 진실된 점잖은 말세로 이야기하는 학생도 몇 있었다. "나는 서양 배우 로이드* 같은 남자가 좋아요."하는 바람둥이 학생도 하나가 있었다.

6. 용모는?

"남자의 얼굴이 고와서 뭣해요. 얼굴이 검고 길쭉하며 눈이 크고 코가 큰 남자가 대개는 성격도 좋고 맘도 좋은 것 같던데요."하고 이야기하는 학생의 말에 동의하는 학생이 3분의 2는 되었다.

키 큰 남자, 로이드 같은 남자를 좋아한다는 몇 학생은 "그래도 얼굴이 고와야 하지요." 한다.

7. 성격은?

쾌활한 남성이 좋다하는 학생이 40여 명 중에서 두서너 학생만 빼놓고 전부였으니 요새 여학생 아가씨들의 성격이 어떻다는 것을 짐작하겠다.

두 학생인가 세 학생인가 잘 기억은 안 되나 쾌활하기만 하고 침착한 태도가 없으면 재미없다고 반대하였다.

8. 취미

스포-츠를 좋아하는 남성을 원하는 학생이 12명, 문예 방면에

---

* 미국의 배우·영화감독 해럴드 로이드(Harold Lloyd, 1893-1971). 찰리 채플린, 버스터 키튼과 함께 무성영화 시대의 인기 코미디언으로 활약했다. 그의 트레이드 마크인 둥글고 굵은 테의 안경과 맥고모자는 '로이드 스타일'이라 불리며 크게 유행했다.

취미를 가진 남자를 요구하는 학생이 17명, 음악가를 원하는 학생이 2명이고 미술가를 원하는 학생이 3명이었다.

"웅변을 잘하는 사람이면 대개 성격도 쾌활하고 연구성이 있고 또 이지적이기 때문에 예술가니 무엇이니 하지마는 나는 말 잘하고 이지적인 남자가 제일 좋은 것 같아요."하는 학생의 말이 금방 떨어지자, "나는 그런 남자가 싫어. 될 수만 있으면 재미있는 성격을 가진 사람, 꽃도 사랑할 줄 알고 생물을 애호할 줄 아는 남자가 좋아요. 하룻낮을 살기를 위해서 허덕이다가 저녁에 가정에 돌아오면 재미있는 이야기도 할 줄 알고 또 레코드를 틀어놓고 노래도 부르며 춤도 출 줄 아는 남자가 좋을 것 같아요. 나는 웬일인지 변화가 많은 남자가 퍽 좋아요."하고 아무 거리낌 없이 길게 이야기를 계속하는 학생도 한 명이 있었다.

9. 어떠한 가옥 제도를?

재래의 조선 풍속 그대로의 가옥 제도가 좋다는 학생이 8명이고 그 외의 대부분은 양옥이 좋다고 하며 그다음 나머지 학생들 몇 명은 반양식이 좋다고 한다.

조선 가옥 제도가 좋다고 찬성하는 몇 학생들은 며느리는 으레 시부모를 모시는 것이라는 관념을 머리에 꼭 박아 넣었기 때문에 양옥이 좋은 줄은 알지만은 늙은이들—시아버지, 시어머님 안태에 불편하겠기에 재래 그대로를 찬성한다고. 그 외에 학생들 몇 분은 시부모나 시누이, 시동생들 데리고 있으면 맘대로 못하고 속이 상해서 어떻게 하겠느냐고 한다. 또 몇 학생은 시아버지나

시동생은 괜찮아도 시어머님과 시누이는 정말 싫을 것 같다고 한다.

듣고 있던 기자는 나이 어린 그들의 고운 꿈을 깨트릴까 무서워하면서 과연 그들의 이상이 공상에 그치지 말아지기를 빌며 그들의 곁을 떠나왔다. (부인 기자) ◆

삼천리 제4권 4호
1932년 04월 01일

외국대학 출신 여류삼학사 좌담회

출석자명 : 미국 와에스루안[웨슬리안] 대학 출신 문학사 박인덕 여사,
서전[스웨덴] 대학 출신 경제학사 최영숙 양,
미국 컬럼비아 대학 출신 철학사 황애시덕 여사

본사 측 : 김동환, 최정희

기자 바쁘심에도 불구하고 말씀해 주시려는 세 분 선생님의 성의를 기뻐합니다. 이제부터 말씀하고자 하는 문제는 구주 각국 여성들의 일반 사정에 대한 것이 주장인데요. 세 분 선생께서는 구라파 각국의 여성 문제 전반을 충분히 아실 것이므로 인제 앞으로 여기 대하여 몇 가지 말씀하여 보려 합니다.

1. 여성 및 아동을 위한 제 외국의 시설 기관

기자 조선에서 구경할 수 없는—부인들이나 아동을 위해서 설치된 기관이 다른 나라에는 많이 있지 않겠습니까. 우리가 흔히 듣기는 탁아소나 육아소 등이 많다는데요. 대체 일반의 사회적 시설이 어떠합니까?

박인덕 그렇지요. 흔한 것이 탁아소지요. 내가 아메리카에서 구경한 것을 말하면 양로원인데 거기는 순전히 아무 의지할 곳도 없는 불쌍한 여성들만 수용해서 일생을 그곳에서 평안히 마치게 하더이다.

황애시덕 아메리카에서는 남녀의 기관이 똑같이 설치되어 있으니까 별로 여자를 위해서만 따로 만들어 놓은 기관이 없지요만은 내가 구경한 중에 YMCA 도미토리(여자 청년회 기숙사)가 도시에나 촌에나 있어서 여성들에게 여간한 편리를 주지 않습디다. 경영자들도 여성이지만 거기에 투숙하는 손님들도 전부 여자입니다. 나도 처음 갔을 때에 YMCA 도미토리에 유숙했지요. 내부 시설의 편리라든가 경영자들의 친절이란 말할 수 없으리만큼 되어 있답니다. 영화관도 있고 수영장, 공원, 강당, 식당, 오락물 등이 충분한 설비를 갖추어 있으므로 유숙하는 손님 외에도 개인으로 동무를 데리고 와서 노는 사람들도 많습니다. 그 외에 세계여자실업동맹이라는 것이 있는데, 그것은 무산 부인들이 하는 것인 것만큼 자본주의 국가에 있어서는 아직 존재가 퍽 미약하기 때문에 널리 일반에

퍼지지 못했지요. 그리고 여기 소년군 모양으로 소년군을 양성하는 단체가 있다고 합디다마는 구경은 못 했습니다.

기자 탁아소나 양로원의 내부 설비 등은 어떻게 되어 있는가요?

최영숙 설비야 별로 있을까요. 아동 연령에 따라서 적당하게 설비를 해놓는데 낳은 지 이 주일 되는 갓난아기는 커다란 실내에다가 아기 침상을 죽 놓고 거기다가 어린애 하나씩 눕혀 놓구요. 또 장난도 할 줄 아는 어린애들은 딴 방에 장난감을 많이 주어서 그 어린아이들을 볼만한 보모를 맡겨 두어요. 그리고 또 어떤 탁아소에는 유치원까지 함께 설치되어 있답니다. 나도 두 주일간 탁아소에 있어 보았는데 퍽 재미있었지요.

기자 그런데 어린아이는 몇 살부터 몇 살까지 많으며 또 맡기고 찾아가는 데 시간제한이 있겠지요?

최영숙 있구 말구요. 이 주일 된 어린아이로부터 유치원 가기까지의 아동으로 제한되고 시간은 아침 여섯 시나 일곱 시부터 맡기게 되며 찾아가기는 대개 저녁 여섯 시부터 일곱 시까지 됩데다.

황애시덕 그렇지요. 어느 나라를 막론하고 직업부인들이 자녀를 맡기게 되는 까닭에, 일터에 가는 시간에 맡기고 돌아오는 시간에 찾으니깐 시간은 대개 같을 것입니다.

박인덕 그런데 내가 러시아에서 구경한 일인데요. 그곳 여성들은 직장에서 돌아오는 길에도 자녀를 찾지 않는 일이 많습디다. 그 까닭은 하루종일 노동에 피로했는데 밤에까지 어린아이 때문에 잠 못 자거나 불편하도록 할 필요가 없다. 아버지가 아침에 나가면 저녁에 돌아와도 자녀를 돌보지 않는데 여자는 자녀를 꼭 돌봐야 한다는 원칙이 없지 않은가. 남자가 하는 일이 따로 있고 여자가 하는 일이 따로 있지 않은 이상 여자도 사회사업하고 싶은 사람, 가정 살림하고 싶은 사람, 어린아이 기르고 싶은 사람 다 각기 자기의 소질에 따라서 원하는 대로 일할 것이지 여자니깐 어린애를 길러야 한다는 원리는 없다. 그러므로 아이 기르고 싶은 사람에게 아이를 기르라고 맡겨 놓았으니 기르고 싶지 않은 자기보다 더 잘 기를 것이 아니냐, 그러므로 찾아올 필요가 없다는 이러한 이론에서 자기 자녀를 탁아소에 맡겨두는 부인들이 많았습니다. 내가 탁아소에서 일보는 사람에게 이렇게 물어보았지요, 왜 탁아소에 있느냐고. 그의 대답이 자기는 어린아이 기르는 것에 제일 취미를 가지고 있다고 하였지요. 다른 사람 눈에도 그의 어린아이 기르는 것이 정말 기르고 싶어서 기르는 것 같고 직업적으로 하는 것 같지 않았습니다.

최영숙 세계 어느 나라를 놓고 보아도 조선 여성들처럼 맹목적으로 자녀를 사랑할 데는 없겠지요!

기자 탁아소에다가 보수는 안 줍니까?

박인덕 러시아에서는 으레 줍디다마는 아메리카에서는 무산 부인들을 위해서 유산 계급에 있는 부인들이 한 개의 자선사업으로 하니깐 보수를 주지 않터구만요. 그러기 때문에 공장지대에 탁아소가 많게 되지요.

기자 저 들으니깐 외국 여성들이 사생아를 낳아서는 탁아소에 갖다 주는데, 가만히 어떻게 갖다 준다고 하는 이야기가 들리더군요.

최영숙 네, 내가 이번 귀국할 적에 인도에 들러서 보았어요. 거기는 로마교의 수녀들이 경영하는, 탁아소라기보단 고아원이라고 할까요. 어린아이를 기를 수 없는, 다시 말하면 사생아를 안고 가서 바깥에 궤짝 같은 것이 놓여 있는데 거기다가 어린애를 눕혀 놓고 종을 누르고 가면 수녀가 나가서 어린애를 데려옵디다.

황애시덕 인도뿐 아니라 다른 나라에도 그런 일이 많다더군요.

2. 외국 부인들의 전쟁시의 활동상태

기자 구주 대전[제1차 세계 대전] 때에 외국 여성들이 남자 대신으로 활동했다는데, 선생님들은 직접 그때 당시에 구경한 사람에게서 이야기라도 들으셨을 것이니 이야기해 주십시오.

박인덕 그러지요. 그 당시에 내가 목격은 못 했어도 들은 것과 또는 책에서 본 것으로 이야기하지요. 얼마 전에 영국 사람—구주 대전 당시에 목격한 사람에게서 들었는데요. 영국 여성들은 무엇이나 남자 하는 일은 전부 했다구요. 전차 운전수, 지하철도 운전수, 우편국 사무·배달부,

은행 사무원, 공장의 기계 운전까지도 죄다 여성들이 했다는데요. 한 가지 우스운 이야기는 서투른 솜씨와 재주로 모든 것을 하려니 여간 느리지를 않더래요. 기차 운전, 더구나 지하 철도 운전 같은 것은 시간을 똑똑 맞춰서 다니는 것인데 늦기 때문에 서로 충돌이 되고 기계에 고장이 생겨서 야단법석이 일어났었대요. 또 독일 여성들은 농사를 전부 맡아 했다고 합니다.

3. 외국 여성들의 직업?

기자 외국 여성들은 대개 어떠한 직업을 흔히 가졌는지요?

최영숙 서전 같은 나라에 있어서는 여자들의 직업이나 남자들의 직업이나 구별할 필요도 없는 것 같아요. 여자도 남자와 같이 순사도 될 수 있고 형사 또는 국회에 대의사까지도 될 수 있으며 어떠한 직업이든지 할 수 있으니깐요.

황애시덕 그렇지요. 외국은 남녀의 구별이 없으니깐 직업에 있어서도 별로 구별이 없지요.

박인덕 대개 자기의 소질에 따라서 직업을 얻게 되지요. 아메리카의 여성들은 교사 노릇을 많이 하더군요.

4. 외국 여성들의 산아제한 현상?

기자 산아제한에 있어서 말씀해 주십시오.

황애시덕 다른 나라의 사정은 직접 목격을 못했으니 잘 모르지만, 아메리카에서는 법률상으로 엄금하야 유식 계급에서 비밀히 개인으로 피임법을 시행하는 모양입니다. 그러기 때문에 중류 이상 가정에는 자녀가 둘이나 셋쯤 되지만 무산 가정에서는 어린애가 참 많더군요. 어떤 학자들은 크게 근심을 한다는데요. 지력이 고상한 사람의 자녀는 적어지고 노동자들의 자녀들만 많게 되니 후대 인물의 지력이 열등하겠다구요.

최영숙 서전에서도 개인으로 하는 일은 있겠지마는 장려하는 기관도 없고 엄벌을 내리는 일도 없던데요.

박인덕 아메리카에서도 몇 년 전까지는 엄금이었었으나, 근래에는 반대파도 있지만 자유파가 있어서 진찰소를 만들어 놓고 여성들에게 피임법을 가르쳐주며 실시시키더군요. 그리고 불란서에서는 지금 아주 엄금하고 오히려 자녀를 많이 낳는 자에게 한해서 정부에서 상을 준대요. 또 러시아 같은 나라는 말할 것도 없구요. 그곳에서는 혼인 등기 하러 가는 사람에게 먼저 물어보는 것이 자녀 생산에 대한 여부를 물어본대요. 낳기 싫다면 피임법을 잘 가르쳐 주고 그래도 임신하게 된다면 어느 병원 어느 의사에게 가서 수술을 하라고까지 가르쳐준답니다. 어디까지든지 정부에서 책임지고 피임법을 가르쳐주어요.

5. 그들은 자녀 양육을 어떻게 하나?

기자 외국 여성들이 자녀 기르는 데 있어서 조선 여성으로서 본받을 점을 말씀해 주십시오.

최영숙 아까도 말했지만, 조선 여성은 어린애를 귀해 할 줄만 알뿐이지 기르는 방법에 있어서야 모순된 점이 많지요.

황애시덕 그렇지요. 외국 여성들이야 참으로 합리적으로 자녀를 기르지요. 절대로 어린애의 의사를 무시하지 않음으로써 어린애가 의사 발표하기를 좋아하며 용기를 잃지 않는답니다.

박인덕 그럼은요. 어린이에게 절대 자유를 줍니다. 난로가 뜨거운 것을 어린애가 만진다. 처음에는 말리지만 잘 듣지 않으면 그냥 버려둔대요. 그래서 어린애가 뜨거운 줄 알고 저 스스로 그만두게 해서 난로가 뜨겁다는 것을 알게 한답니다. 이렇게 해서 어린애의 자유를 장려시켜주며 또는 습관을 길러줘요. 어릴 때부터 습관을 길러주고 경험을 많이 만들어 주려고 힘쓰지요. 사람은 경험이 많아야 그 경험에 비추어 보아서 무엇을 배운다고 그들은 될 수만 있으면 경험을 만들어 주더이다.

기자 부모가 자녀에 대해서 몇 살까지 책임을 지게 됩니까?

최영숙 17세까지도 부모로서 자녀에게 대한 책임감을 가지고 있지요.

기자 다른 나라에서도 그렇게 됩니까?

황애시덕 아메리카에서도 고등 정도에 교육을 마치기까지는 부모가 책임을 가지고 있지요.

6. 외국 여성들의 결혼과 이혼에 대해서

기자 외국 여성들의 결혼 조건 같은 것을 말씀해 주십시오.

박인덕 요새의 자유 결혼이 이혼율을 많이 산출시킨다는 이론이 분분하다는 데서 자유 결혼을 하더래도 세 가지 조건이 마땅해야 한다고. 첫째는 양자의 이상이 맞고 사회적으로 합리되어야 할 것. 둘째, 경제적으로 독립할 능력이 있어야 할 것. 셋째, 생리적으로 합리되어야 할 것. 대개 이러한 조건이 맞아야 결혼이 성립된다고 합니다.

기자 결혼에 연령 제한은 없습니까?

최영숙 있지요. 서전에서는 남자 25세 이상이고 여자는 21, 2 가량으로 하더구만요.

기자 우애결혼*이 근래 많이 성행된다는데요?

황애시덕 실행자도 많이 있고 찬성자들도 많지요.

기자 그런데 이혼에 있어서 조선과 다른 점을 말씀해 주시지 못 할까요?

최영숙 조선에서는 이혼할려면 여간 어렵지 않지만, 서전에서는 양자가 이혼할 생각이 있다면 주저할 것도 없이 곧 수속을 하게 되지요. 그러면 그날로 이혼이 되는 것입니다.

기자 위자료를 청구하거나 하는 일은 없습니까?

황애시덕 남자 쪽에서 여자가 싫어서 이혼한다면 여자가 위자료를

---

* 우애를 기초로 하여 결혼 생활에 들어가기 전에 피임과 이혼의 자유를 인정하면서 시험적으로 함께 사는 결혼. 미국의 판사 벤 린지(Ben Lindsey, 1869-1943)가 1927년 발표한 『우애 결혼The Companionate Marriage』에서 처음 주장했다.

청구하지만 양자의 뜻이 맞아서 한다면 위자료가 없습니다.

기자 여자가 이혼을 요구하더래도 시행될 수 있습니까?

최영숙 그럼은요. 얼마든지 될 수 있지요.

기자 자녀가 있을 때에는 어떻게 처리합니까?

황애시덕 아메리카에서는 자녀들에게 아버지를 따라가겠느냐 어머님을 따라가겠느냐 물어서 어린애들의 맘대로 작정한다고 합데다.

기자 어린애들이 죄다 어머님을 따라가겠다면 어린애들의 양육비는 어떻게 됩니까.

최영숙 어머님이 어린애를 가지게 되는 때는 아버지가 양육비를 주어야 한대요.

기자 잘 들었습니다. 너무나 긴 시간을 말씀하셔서 고단하시겠습니다. 감사하다는 인사를 더 여쭐 염치가 없습니다.◆

삼천리 제4권 5호
1932년 5월 1일

여학생이여 단발하라

단발 찬성—보기 좋고 경쾌하여

여류평론가 허영숙(의사·언론인)

나는 단발하였습니다. 단발하고 나니 여자로서 머리 깎아 버리는 일 같이 상쾌한 일이 없는 듯합니다.

무엇보다도 머리가 지저분해지지 않고 늘 깨끗하여져서 좋습니다. 심신이 끝없이 쇄락[상쾌하고 깨끗함]하다 할까요.

머리를 두었다가 이제 깎고 나니 마치 오래오래 비 오던 장맛날이 말끔하게 개이고 신선한 햇볕을 만난 듯이 유쾌합니다.

여자에게 머리카락이란 무겁고 아프고 게저분한 존재지요. 그것을 떼어 버린다는 것은 여간 좋은 일이 아닙니다. 나는 이 점에서 여학생의 단발을 찬성합니다.

이 밖에도 가령 위생상으로나 경제상으로 보아도 머리 두는 것보다 없애 버리는 것이 낫지요.

중국의 신진 여학생들은 일체의 구문화를 배척한다는 의미로도 머리를 깎는 것이 크게 유행한다고 합니다. 그래서 중국 여학생들이라면 으레 단발랑[斷髮娘, 단발한 젊은 여자]을 연상하리만치 된 지방도 많다 하며 더욱 국민군에 가담한 낭자군도 단발한 이들이 많이 있다 합니다.

미관상으로 보아도 조선 여학생들이 단발한다면 그 미끈한 체격에 경쾌한 걸음걸이에 대단히 보기 좋을걸요.

단발 반대—그 체격엔 보기 숭해

경성여자보육학교장 최진순(교육자)

단발! 하면 벌써 그 관념이 흐리고 지저분합니다. 단발랑 하면 그것은 사회에서 조소하는 의미로 부르는 말이지 도무지 찬양하는 의미로 하는 말이 아닙니다.

이것은 단발 여성의 정체를 과거에 있어 여러 가지 실제 경험에서 알아 왔던 까닭인 듯합니다.

이렇게 명예스럽지 못한 의미를 가진 단발을 구태여 순진한 여학생들 사이에 퍼트릴 필요가 있겠습니까.

나는 단발에는 반대합니다. 들으니 단발하면 더 자주 머리에 빗질을 해야 하고 더 자주 물에 감기도 하여 손길이 더 걸린다 합니다.

그러나 이런 이유는 제2문제로 하고 조선 여자들로 단발하여 보기 좋은 이가 몇 사람이나 되겠습니까. 뚱뚱하고 키가 작고 그 위에다가 단발까지 한다면 오히려 가지고 있던 여성 특유의 연연한 풍정을 깨트리고 말 것입니다. 단발은 여학생들 체격이 아주아주 잘 발달되고 사회적 활동이 맹렬해야 할 그런 때에 하도록 함이 좋을까 합니다.

단발 관망—제각기 개인에게 달렸다

여류평론가 김원주(언론인)

상해나 북평[北平, 베이징], 남경[南京, 난징] 등지로부터 온 여러 사람의 입으로부터 그곳 중국 여학생들은 많이 단발하였는데 그것이 퍽 보기 좋더란 말을 들었습니다.

그리고 이번 상해 십구로군에 섞인 낭자군도 거지반 단발하고 양장하였더란 말씀을 들었습니다.

이렇게 각처에서 여학생들이 단발하는 것이 유행한다니까 온갖 풍조가 잘 들어오는 우리 사회에도 혹은 여학생 사이에 단발이 유행하지 않을는지요?

저는 생각하기를 단발은 개인 개인의 형편에 따라서 하여도 좋고 아니하여도 좋은 문제일 줄 압니다. 체격이 좋고 몸집을 가지기를 퍽 경쾌하게 하는 여학생들은 단발하면 더욱 활발하고 경쾌하게 보이겠으니 좋겠지만 그렇지도 못하고 체격도 근대적으로 세련되지 못한 여자라면 그대로 단발을 하지 않는 것이 좋을걸요.

어떻게 생각하면 단발하는 것이 경제상에 퍽 이롭다고 하지마는 단발하면 한 것만치 자주 빗어야 하고 윤이 나도록 기름도 발라야 하고 그러니까 갈라서 얹는 머리나 땋아서 늘이는 머리에 비하여 비용이 덜하달 것이 없을 것입니다.

그러니까 저는 모양내기 위하여 단발을 하는 것이 아니고 경편하기 위하여—예를 들면 운동선수 같은 이들이—하는 것이라면 찬성할 것이로되 그렇지 않고 덮어놓고 여학생들이 단발하는 일이라면 그렇게 찬성할 수 없다고 생각합니다.

단발 찬성—근대 여학생은 체격이 좋아

화가 안석주(삽화가·영화인)

나는 여학생들이 모두 단발하기를 고대합니다. 근래 학교에서 정식으로 체육 수업을 받은 여학생들은 그 체격이 놀랍게도 훌륭합니다. 스마-트하고 몸가짐이 민첩하고 허리가 가늘어졌고 두 다리는 발육이 퍽 미끈하게 되어서 보는 사람의 눈을 놀라게 합니다.

이렇게 세련된 육체를 가진 이상 만일 그 위에 단발까지 한다면 퍽 훌륭할 것입니다. 적어도 일본 여자보다는 퍽 어울릴 줄 압니다.

우리는 옛것이란 이름이 붙은 것을 하루 급히 차버려야 할 것입니다. 그 관념만이라도 새것을 찾아야 하겠습니다.

단발하는 것이 머리 땋아 올리는 것보다 시간 덜 들고 돈 덜 들고 심신이 상쾌하고 그 위에 남이 보기에 한결 나아 보인다면 단발을 비난할 아무 이유도 없을 줄 압니다.

나는 이 위에 옛날 것이란 관념부터 깨트리자고 하였습니다. 과연 그러합니다. 조선 여자들이 뒤에다가 올려 쪽지는 것은 남성에게 정복당했다는 표로 그리하는 것이지요. 또 머리 얹는 기원도 옛날 추장 제도 시대에 약탈 결혼하였을 때마다 그 여자는 내 물건이 되었다 하는 표로 그리한 것이지요. 이 모든 봉건유물을 깨트려버리는 필요상으로도 우리는 단발하는 것이 좋을 줄 압니다.

나는 새 교육을 받는 여학생 사이에 단발이 유행하기를 바랍니다.

형세 관망—모두 한다면 하여도 좋아

경성 숙명여자고등보통학교 김영환(교육자·피아니스트)

다른 여학교에서 모두 학생들에게 단발시킨다면 우리 학교도 하겠지마는 그렇지 않으면 오히려 사회의 놀림감에 들기 쉬울걸요.

그런데 여학생들이 단발하는 것이 어떤 점이 이롭고 해로울까

하면 이로운 점이라고는 첫째 경쾌한 맛이 날 것입니다. 즉
총명하고 영리한 여성으로 보일 것입니다. 나는 이 말을 왜 하는가
하면 내가 실지로 목도하여 본 일이 있어 그러합니다. 즉 중국
어떤 여성이 보기에는 퍽 미련하고 재주도 없을 성싶게 우둔하게
보였습니다. 그 여자가 수일 후에 단발하고 왔는데 그때에 우리는
놀랐습니다. 거지반 사람이 달라졌다 하리만치 활발해 보이고
총명하여 재주도 있을 성싶게 보였습니다. 경쾌하다는 점에서는
단발을 찬성합니다.

그렇지만 그 반대로 오늘까지 단발한 여성의 역사를 보면
여러 가지로 고려할 문제가 남아 있습니다. 그것을 일일이
들지 않겠습니다. 또 단발한다면 치마도 훨씬 짧아져야 하겠고
머리에는 모자도 써야 하겠지요.

그러니까 퍽 고려할 문제일걸요. 아직 학생 사이에 단발한
이가 없으니까 별로 문제는 아니 됩니다마는, 실제로 문제가
일어난다면 퍽 고려하여 볼 일이라고 믿습니다.

단연 반대—인유因有의 미를 보존하라

소설가 최독견(소설가·언론인)

신여성들이 어째서 단발을 합니까? 몇 해 전 근우회에 관계한
여러분이 단발하였고, 최근에는 또 어떤 유명한 여성 한 분도
단발하였다 합니다. 그런데 신여성들이 어째서 단발합니까? 나는
이 수수께끼를 오늘까지 풀지 못하고 있습니다.

내가 듣기에는 단발을 많이 하는 나라는 노서아 여자들이라고 들었습니다. 그이들은 여자도 똑같이 남자 모양으로 공장에 나가 기계도 돌리고 밭에 나가서 김도 매려니까 머리가 있는 것이 노동의 능률을 감하는 까닭에 깎은 편이 낫겠다고 머리를 잘라버린 것이지요. 그리고 또한 그 나라의 여성의 미를 보는 표준도 달라졌다고 최근에 신문과 잡지는 보도합데다.

동양에서는 어여쁜 여자라면 우선 살결이 희고 부드럽고 인형 모양으로 고요한 이를 가리키지요. 그렇지만 단발 많이 하는 노서아에서는 여자의 살결은 거무칙칙하고 뻣뻣하고 근육이 있어 보기에 기운 있고 일 잘하는 여성이라야 미인이라고 한답니다. 그래서 신문 잡지에도 여자의 사진을 낸다면 그것은 어여쁘기보다 튼튼하고 굳센 여자를 골라서 찬양하는 의미로 낸다고 합니다.

그러니까 단발 미인이라면 노동하는 여성을 가리키지요. 그렇지만 조선은 어떠합니까. 노동의 능률을 내기 위하여 머리를 깎아야 한다면 첫째 연초공장 여직공이나 정미소에서 밤낮 눈코 뜰 사이 없이 노동하는 여직공이 해야 옳지요.

그렇지 않은 이가 단발한다면 그것은 허영이 아닐까요? 그것은 멋을 부리기 위하여 그러는 것이 아닐까요?

혹 '경제되니까?' 하실 것입니다. 그렇지만 그 말도 모순인 것이 경제 때문이라면 현재 단발하고 나다니는 신여성은 하이클래스한 불란서 향수나 바르는 이들이 아닐까요.

여학생들이 단발하고 싶어 하는 심리도 그것이 공부 잘하기 위함일까요? 오히려 단발랑이 되어 남의 주목을 받고 싶어 하는 천박한 심리로 그리함이 아닐까요?

정말 노동하기 편하니까 또 공부하기 편하니까 삼단 같은 머리를 잘라버린다면 나는 찬성합니다. 그렇지 않은 이유로 단발한다면 나는 단연 반대합니다.◆

삼천리 제4권 5호
1932년 5월 1일

여학생 스카-트는 짧게

장파—지금 치마가 꼭 좋다

경성 숙명여자고등보통학교 교사 김영환(교육자·피아니스트)

다른 여학교는 모르겠습니다마는 우리 숙명여학교에서는 치마 길이를 일정하게 정하여 놓았지요. 즉 무르팍 아래 약 한 치가량 되는 곳까지 올라오게, 그 이상으로 올려놓으면 넓적다리가 보이겠지요. 그리고 무르팍도 보이겠지요.

그런데 그 무르팍은 아무리 높게 평가하자 하여도 영양 부족과 발육 불완전으로 아름답지를 못합니다. 그 점은 서양 여자들을 따라낸다는 재주가 없지요.

모든 여학교에서 무르팍 아래 약 한 치라고 한 것이 아마 그 무르팍(무릎의 굴절되는 점)을 감추려 한 것이 요점일 줄 압니다.

그러기에 여학생들의 치마를 이 위에 더 짧게 하는 것은 아예 금물일걸요.

혹 운동선수는 짧으면 짧을수록 좋으니까 좋겠지만, 그렇지 않으면 지금 치마 길이를 더 짧게 할 필요는 없는 줄 압니다.

단파—치마를 더 짧게 하라

문사 안석주(삽화가·영화인)

조선 여성의 의복은 동양에서는 가장 뛰어난 줄 압니다. 깨끗한 옷감으로 몸에 꼭 들어맞게 저고리와 치마를 잘 지어 입은 여성들을 보면 그 의복 때문에 한층 더 높은 미를 발견할 수 있습데다.

그런데 내가 보기에는 조선 여학생들의 치마는 아직도 긴 듯하였습니다. '좀 더 짧았다면 몸가짐이 민첩하고 명랑하지 않았을까?'하는 탄식을 나는 가끔 길을 걸으면서도 발하는 때가 있습니다.

지금은 아마 무르팍 이하가 표준인 것 같더구만. 그렇지만 서양 여자들은 무르팍을 표준 삼는다면 그 이상이 되는 듯하더이다. 그러니까 더 올려도 좋지요. 일본 여학생들은 하카마*를 더 올릴

* 일본의 전통 의복으로 겉에 입는 주름 잡힌 하의.

수 없겠지만 확실히 조선 여학생은 스카-트를 좀 더 올리면 좋을 것같이 생각되었습니다.

장파ㅡ둔부가 돌출하여서

경성여자보육학교장 최진순(교육자)

지금보다도 치마를 더 짧게 한다면 무르팍이 보이지요. 대체로 조선 여자들의 무르팍은 아름답지 못합니다. 첫째는 영양불량 때문에 부드럽지 못하고 살이 없이 말랐고 그야말로 피골이 상접한 것이 대부분이며, 둘째로는 어릴 때에 남의 등에 업혀 자라나서 두 다리도 일직선으로 꼿꼿지 못하고 30도 각쯤으로 휘어들었지요. 뼈와 뼈를 이은 대목도 바깥으로 보면 철요[凸凹, 볼록함과 오목함]진 자리가 있어 도무지 아름답지 못합니다.

이것이 치맛자락으로 기어이 슬쩍 덮어 두어야 할 큰 이유이지요. 그렇지 않으면 망신하기 좋으니까요.

그리고 또 한 가지 치마가 짧으면 자연히 엉덩이가 헝겊에 잘 싸이지 못하고 쑥 돌출합니다. 큰 엉덩이가 홀출홀몰[忽出忽沒, 문득 나타났다가 돌연 없어짐]식으로 문득 돌출하는 것은 미관상 조금 체면 차려야 할 성질의 문제인 줄로 압니다. 그러니까 치마가 길면 이러한 모든 흠점이 모두 가려지지요. 그러므로 여학생의 치마 길이가 지금보다도 더 짧아진다는 데는 단연 반대합니다.

장파—더 짧으면 보기 흉하다

문사 김원주(언론인)

무르팍 이상으로 치마를 더 걷어 올린다는 것은 조선 여자의 곡선미를 살리는 점에서 반대합니다. 워낙 다리가 서양 여자같이 반듯하게 또 학두루미 두 다리같이 잘 발육이 되지 못한 현재의 다리를 더 쳐올리면 우선 보기 숭할 것입니다. 또 조선 여자가 지켜야 할 것은 오래오래 흘러 내려오는 조선의 정조이지요. 옛날에는 발뒤꿈치에 찰찰 흐르게까지 길던 것을 지금은 자르고 자르고 하여 이만치 되었는데, 그 위에 더 자르면 조선 정조를 죽이는 것이 될 것입니다.

가히 삼가야 할 일이지요.

단파—더 짧게 할 것이다

문사 허영숙(의사·언론인)

나는 옛날에는 퍽 치마를 길게 하여 입었습니다. 남들이 어째서 그렇게 치맛자락을 길게 하여 입는가 하고 숭보리만치 길게 하여 입었지요. 그러다가 단발하면서부터 스카-트를 훨씬 짧게 하여 입고 다녔지요. 그랬더니 걸음걸이가 얼마나 경쾌하여지는지 모르겠습니다. 마치 날 것 같다고 할까요?

스카-트를 자르니 걸음이 쉽게 될뿐더러 걸음 걷는 것이 무슨 리듬을 따른 운동 같아요. 춤을 조금 섞은 율동 보행 같다고 할까요.

근래 여학생들 치마는 그래도 긴 편이지요. 옛날에 비하면 훨씬 짧아진 셈이지만 그래도 서양 여자의 스카-트에 비하면 길고 운치가 적지요.

그러기에 나는 조선 여학생의 스카-트는 무르팍을 표준 잡고 무르팍 이상으로 올리는 것이 좋다고 생각합니다.

장파—지금 치마가 꼭 좋아

창작가 최독견(소설가·언론인)

동양 여자는 동양 여자로서의 미가 있고 서양 여자는 서양 여자로의 미가 있습니다. 내 보기에는 조선 여학생들의 치마가 길지도 않고 짧지도 않아서 그저 좋더구만요.

좀 더 짧으면 넓은 다리가 보일 것이요, 좀 더 길면 걸음걸이가 보릿자루가 굴러가는 것이 되지요. 그런데 어떤 천재적 의상철학가가 있었는지 지금의 창안은 매우 잘한 것이라고 봅니다. 조선 여학생은 조선 정조를 살려야 하지요. 치마가 짧으면 서양 정조는 살릴지는 모르지만, 조선 정조—다시 말하면 유아하고 부드러운 곡선의 맛—는 잡아 버리는 것이지요.

나는 여학생의 치마는 무르팍이 보일락 말락 한 지금 것이 더 말할 수 없이 좋다고 봅니다.◆

삼천리 제4권 5호
1932년 5월 1일

여학생도 모자를 써라

불모당—모자는 안 써도 좋다

경성 숙명여자고등보통학교 교사 김영환(교육자·피아니스트)

내가 동경에서 음악학교에 다닐 때에는 교풍이 얼마나 클래식하고 중후하던지 남학생은 모두 후록코-트[프록코트]를 입고 여학생들은 머리에 반드시 모자를 썼지요. 순사가 볼일이 있어 학교 안으로 들어올 때도 으레 칼을 떼어놓고 맨몸뚱이로 들어왔었지요.

그때의 경험으로 보면 여자들이 모자를 쓰는 것이

외관상으로는 보기에 좋지마는 어째 활동력을 줄여 놓는 것 같더구만요.

조선 여학생들이 모두 모자를 쓴다면? 글쎄요. 퍽 경쾌하고 좋은 모양의 모자를 누가 고안해 내어서 쓴다면 몰라도 서양 여자들이 쓰고 다니는 그런 식 모자를 써서는 여러 가지로 불편할 걸요.

모당—평양 여자의 모자같이

창작가 안석주(삽화가·영화인)

여학생들이 모자 쓰는 데에 나는 찬성합니다. 여러분은 아마 잘 보셨을 줄 압니다. 평양 여자들이 모두 흰 보를 머리에 치지요. 어떻게 두서너 번 빙빙 둘러치면 모자같이 되는데 그 골보 친 풍경이란 실로 절미하더이다.

아마 평양 여자의 미의 생명이란 그 독특한 골보에 있을걸요.

이제 의상 방면에 특별한 천재가 나서서 평양 각시들이 치고 다니는 골보를 좀 더 어떻게 개량하여 젊은 여성들이 쓴다면 퍽 보기 좋을 것입니다.

남자는 의관을 쓰고 여자는 의관을 안 쓴다는 것도 벌써 모순이라. 하물며 모자 쓰는 것이 여자다운 미를 돋워 낸다면 모자를 안 쓰게 하잘 까닭이 없지 않겠습니까.

여학생들 사이에 모자 쓰는 풍속이 돌아다니기를 바랍니다.

모당—쓰는 것이 좋다

허영숙(의사·언론인)

나의 경험으로 말하면 막상 단발하고 짧은 치마를 입고 길가에 나서니까 아이들이 단발랑이라고 뒤로 졸졸 따라오며 성화를 시킵니다. 아이들뿐 아니라 조선서는 처음 보는 일이 되어 나이 먹은 어른들도 손가락질하고 수군거려요.

이러니까 도무지 성가시고 창피하여서 내왕할 수 있어야지요.

그래서 나는 모자를 하나 사다가 씁니다. 단발한 여자라고 반드시 모자를 쓸 필요가 없지요. 오히려 아니 쓰는 것이 간둥간둥하여 더 좋을걸요.

그렇지만 조선서는 모자 안 쓰면 단발랑이라고 성가시게 구니까 당분간 쓰는 것도 좋을 줄 압니다.

불모당—조선 옷에 어울리지 않어

경성여자보육학교 최진순(교육자)

여학생들이 모자를 쓰자고 할까요? 아직 그렇게 대담한 풍조가 일반으로 흩어져 있다고는 보이지 않습니다.

그야 양장하면 써야 하겠지만, 조선 저고리와 치마 위에 모자를 쓴다는 것은 찬성할 수 없습니다.

불모당—조선 옷에는 금물

신문 기자 김원주(언론인)

여학생들이 모자 쓴다는 것도 찬성할 수 없습니다. 이 문제는 단발하는 것을 전제로 한다 할지라도 오히려 단발은 할망정 모자는 쓸 것이 아닌 줄 압니다.

무엇보다 체격을 보고서 비평할 이야기지요. 동글동글한 근대의 여학생들이 모자를 쓴다면 보기에 그렇게 좋지 않을걸요. 모자는 역시 키가 훨씬 크고 몸집이 보기 좋게 가는 양장한 여자가 써야 어울립니다. 그러면 조선 여학생들도 모두 양장하면 그만 아니냐고 하겠지만, 그렇더래도 그렇게 시원할 점이 없을걸요.

불모당—삼단 같은 머리를 감추지 마라

문사 최독견崔獨鵑

윤이 나는 삼단 같은 머리! 그것이 벌써 말할 수 없이 미관인데 그것을 왜 가리려고 합니까. 서양 여자들은 모자도 쓸 법이 있겠지요. 그렇지만 아예 조선 여학생들은 모자 쓸 궁리를 마십시오. 보기 숭하고 또…. 더 쓰면 흉이 나올 터이니까 그만둡니다.◆

삼천리 제4권 6호
1932년 5월 15일

딴스홀[댄스홀]이 되면 춤추려 다니겠어요?

서울에는 머지않아서 딴스홀이 신설되리라 합니다. 지금도 조선호텔 속에는 무도장이 있어서 서양 사람이나 일부 인사가 오케스트라에 맞추어 딴스를 하고 있지만은 장차로는 딴스열이 굉장하게 우리들 사이에 퍼질 것 같이 생각됩니다.

그렇다면 딴스홀이 되는 날 여러분은 춤추러 가시겠습니까? 또는 딴스하러 다니는 것이 좋겠습니까?

육체의 율동

허영숙(의사·언론인)

나는 찬성합니다. 무미건조한 조선 가정에 있어서 얼마나 반가워할 일이겠습니까.

그리고 더욱이 운동도 되겠으므로!! 조선 여성들은 가정에 들어앉으면 운동할 만한 기회가 아주 없어져 버리는 까닭으로 여성들의 육체나 정신이 퍽 쇠약해지는 것입니다. 나는 이러한 점에서 딴스홀에 출입하는 것을 찬성하는 것입니다.

무도 배격

여운홍(정치가)

나는 미국에 가서 여러 해를 있었지만 거기서는 고학하면서 학교에 다녔으니까 틈이 있으면 부지런히 일하여 돈 벌 생각을 하느라고 일찍이 딴스홀 같은 곳에 출입하여 본 적이 없었고, 그다음 상해와 파리로 많이 돌아다녔으나 일찍이 무도장에 발을 들여놓은 적이 없었습니다.

생각건대 조선 사람의 생활같이 무미건조한 것이 없지요. 밤낮 때묻은 옷에, 맛없는 음식에, 그리고는 온갖 번민에 아침부터 밤까지 쪼들리지요. 그러면서 아무 위안을 받을 거리라고는 없지요. 음악이 보편되어 있습니까, 그렇지 않으면 체육 운동이나 보편되어 안마당을 치고 테니스하게 되었습니까. 실로 생각하기에도 딱합니다. 조선 사람의 생활이 그 무미건조하고 기름기라고 없는 품이 꼭 사막 지대에 사는 것 같다 할걸요.
그러니까 무도가 유행함이 된다면 어느 일면으로 좋은 것 같이도
생각되더이다.

그렇지만 나는 이 딴스홀 출입에 단연 반대합니다. 첫째 이유로
교양이 깊지 못한 사람들이 그런 곳에 출입하면 그저 타락하고
말 뿐이지 그것이 생활하는 데 에네루끼[에너지]를 돕는 효과를 못
낼 것이요. 둘째, 가뜩 가난한 살림이 딴스홀 출입 때문에 더구나
소비가 많아질 것이며. 셋째, 도학자의 말 같으나 딴스홀은 아무리
하여도 출입하는 남녀로 하여금 풍기 방면에 방종하게 합니다.

하물며 지금 우리 사회는 가장 건전한 기풍을 양성하여야
할 때이므로 우리는 경박한 그러한 풍조를 준절히 배격하여야
하겠습니다.

무도는 좋아

최의순(언론인)

부부 제도가 있는 이상 부부가 함께 딴스홀에 출입하는 것이 실로
유쾌한 일인 줄 압니다.

재래 그대로의 인습을 가진 남성들로서는 여성들의 자유를
해방시켜주기 싫은 데서 불유쾌하게 생각한 것입니다마는 여성의
입장으로는 여러 가지의 소득이 있으리라고 믿습니다.

첫째, 옛 생각을 버리지 못한 덜된 남성들 머리를 깨우칠
기회가 될 것이며.

둘째, 남녀가 서로 교제하는 데서 '남자', '여자' 하는 관념을 버리게 할 수 있을 것이라고 생각됩니다.

혼자 가는 곳

김동진(언론인)

딴쓰홀이 된다면 부부가 함께 출입한다는 것이 지금의 조선 정세로서는 아직도 이르다고 생각합니다. 만일 거기 출입하는 부부가 있다면 내 생각에 상당한 가정의 부부가 아닐 것이라고 예측됩니다.

그런데 한마디 해둘 것은 딴쓰홀이라면 오락장이므로 서양 사람들도 동부인[同夫人, 아내와 함께 동행함]해서 가는 일이 퍽 적습니다. 그러니 조선에도 그렇게 될 것이지요.

부부동반이면

《신동아》 부인 기자 김자혜(언론인)

너무도 취미 없는 우리 사회이니 시대 풍조에 따라서 만일 딴스홀이 출현한다면 청년 남녀들이 많이 출입할 것만은 사실이겠습니다.

그렇다면 이때에 털어놓고 말하면 우리 사회의 청년 남녀의 교양은 옅습니다. 교양이 옅은 사람이 삼가야 할 일은 여러 가지 있지만 그 중에도 풍기에 대하여 즉 남녀 교제에 대한 질서를 지키도록 하여야 할 것인데, 내 생각에는 그것이 퍽 의문이 됩니다.

붉은 등불 아래 너른 홀 위에서 자유로 남녀들이 짝을 지어 춤을 춘다면 거기에 폐해가 없으리까. 완고한 교육가가 아니라 할지라도 일반적으로 보아 상식 있는 이들은 누구나 의문시하지 않을 수 없을 것입니다.

그러기에 나는 이렇게 주장합니다.

딴스를 하는 것은 좋습니다. 정서를 이해하는 사람으로 또 음악을 이해하는 사람으로 누가 딴스하는 그것이야 반대하리까. 다만 딴스를 한다 할지라도 그것은 남과 남끼리 짝짓지 말고 부부끼리 스텝을 밟을 것이요, 그것도 반드시 딴스홀에 가지 말고 집안에서 가정적으로 하는 것이면 크게 찬성하겠습니다.

이것이 과도기에 있는 우리 사회에서 남녀의 풍기를 유지하는 가장 좋은 방책이 될까 합니다.

가는 것 좋아

《조선일보》 김형식(언론인)

조선에 태어난 우리들의 생활은 너무도 윤택이 없습니다. 가령 중국 사람은 어느 누구 깽깽이(호금) 켤 줄 모르는 사람이 드물고 또 호금이 없는 가정이 별반 없지요. 로서아 사람은 자나 깨나 춤을 잊지 못하고 로서아 남쪽 지방의 집시 종족은 춤과 노래가 있고 그밖에 영·미국인들의 오락은 실로 허다합니다.

그런데 조선 사람이 사는 가정은 그야말로 사막 지대나 다름이 없습니다. 꼭 한 가지 있겠는가, 단소 소리 한마디 들을 수 있겠는가.

그야 아침저녁 끼니를 걱정하는 집안인데 어떻게 어느 겨를에 음악과 무용에 마음이 쏠려질까마는 이것이 참으로 너무나 한심한 일이라 아니 할 수 없습니다.

이제 조선에 딴스홀이 되어서 청년 남녀의 자유 입장을 허한다면 나는 일이주일에 한 번 정도로 출입하겠습니다. 유쾌하게 놀고 유쾌하게 일하자면 이렇게 춤추는 순간이 한 주일에 한 번씩은 있어야 할 줄 압니다.

또 오늘날 딴스홀에 출입하자는 사람치고 남녀 간 풍기에 걸리도록 몰상식한 사람은 없을 터이니 이만한 점은 모두 해방하는 것이 옳을 줄 압니다.◆

삼천리 제4권 8호
1932년 08월 01일

부처[夫妻, 부부]의 시험 별거 비판, 이혼을 피하기 위하야

조선 사회의 현실을 바라다보면 지식 계급에 처한 인텔리 청년 남녀로서 신혼 후 3, 4년 이래에 흔히 권태를 맞이하여 이혼의 비극을 연출하는 일이 많습니다. 우리는 어떻게 하면 이 이혼을 되도록 적게 할 수 있을까? 최근 아미리가[亞美里加, 아메리카] 노아주*에서는 이혼을 회피하기 위하야 위험기에 놓인 부처들이 3개월이고 5개월이고 별거하는 새로운 시험이 있다 합니다. 이것도 또한 한 가지 방법일 듯하기에 우리들도 한번 이 새 사조를 비판하기로 하는 바외다.

* 정확한 지명을 찾을 수 없으나 내용상 네바다주로 추정된다. 미국 네바다주의 리노시는 20세기 초부터 이혼을 쉽게 할 수 있는 법률이 생겼으며, 1931년에는 리노시에서 6주 동안 거주하면 이혼을 할 수 있다는 법안이 통과되었다.

일시 별거는 우리와 거리가 먼 공상

유광렬(언론인·정치인)

무엇이요. 미국 모 지방에서는 이혼이 성행하는데 그것을 방지하는 하나의 수단으로 별거 생활을 시험적으로 하야 부부의 애정이 권태기에 든 것을 다시 갱신시킨 결과 호성적[好成績, 좋은 성적]을 얻었으니 그것을 찬성하느냐 아니하느냐고요?

대체로 부부의 생활은 감정의 생활보다 더 많이 이지의 생활이어야 할 것입니다. 그러므로 청춘 남녀 간에 연애로써 성립한 결혼이 동거 생활을 하는 중에 피차 감정의 변화가 생겨 싫어지는 수가 있을지라도 이것은 주로 감정이 지배하는 것일 것입니다. 그러나 위에도 말한 바와 같이 결혼은 꿈이 아니요 우리의 현실 생활의 일부인 이상 그렇게 꿈같이 심취하였던 연애 생활과 같이 생각할 수는 없으니 아무리 연애 시대보다 감정의 변화가 생겨 싫어질지라도 어디까지든지 자기 자신도 이지로 판단하야 자기 감정을 억제하고 옆에 사람도 냉정히 보아서 감정의 지배를 받지 아니하도록 충고할 것입니다. 대저 결혼이라는 것은 사람이 자기의 본능을 위하야 생식을 위하야 남녀 양성이 결합한 하나의 작은 사회입니다. 작거나 크거나 공동 생활인 사회를 위하야는 자기의 작은 감정을 누르고 그 사회의 공동 이익을 위하야 힘쓸 수밖에 없습니다. 왜 그러냐 하면 두 사람이 모인 사회라도 역시 자기 개인보다는 우월하기 때문입니다. 그러나 이 남녀 양성의 결합은 남녀 양성의 행복을 영위하기 위하야 생긴 것이니 만일 이 작은 사회(가정)가 그

양성에게 끝끝내 불행을 불러들이고 하등 행복한 생활을 할 수 없을 때에는 단연코 그 가정은 해체하야 이혼할 수밖에 없습니다. 그러므로 부부간에 불화가 생길 때에는 그것을 이지로 판단하여 되도록 그 원인을 제거할 것이요, 또 그 원인을 제거할 수 없으면 단연 이혼할 것이니 시험적으로 별거 생활을 하야 그 감정을 갱신시킨다는 것은 고식적인 방책이라고 봅니다. 그리고 조선 사람과 같이 경제적 여유가 없는 사람들에게는 도저히 생각도 할 수 없는 당치 않은 일일 뿐 아니라 가령 경제상 실력이 있을지라도 위에 쓰인 말대로 근본적 해결을 할 것이요. 별거 생활 같은 고식적 행동을 하지 말 것이라고 생각합니다. 일단 이혼하였다가 다시 재혼을 하여도 무방하나 다만 현재 일본의 법률은 이혼한 당사자 간의 재혼은 허치 아니합니다.

일종 향락 아닐까

김영팔(작가·언론인)

일전에 지상[紙上, 신문의 지면]에서 시험 별거에 대한 기사를 읽고서 현 조선 사회 제도 밑에서는 도저히 시행하기 어려운 문제요. 따라서 아무러한 효과도 나타낼 수 없으리라는 것을 직각적으로 느꼈습니다.

말하자면 시험 별거라는 그것이 아메리카 사회에서 새것을 좋아하는 사람들이 일종 향락을 위해서 만들어낸 제안밖에 안 되지요.

별거한다고 후회될까?

송금선(교육자)

아무리 사이좋은 부부 사이라고 해도 밤낮 찰떡같이 붙어 있으면 권태를 느끼게 되는 때도 있을 줄 압니다. 권태를 느끼게 되는 그 당석에서 곧 이혼해 버리면 얼마 지난 뒤에 후회하게 되는 일도 있을 것 같으니 나로서는 시험적으로 별거 생활을 하다가 맘이 돌아서는 때에 다시 동거하는 것도 퍽 안전한 일일 듯싶습니다.

그러나 내가 구경한 바에 의하면 얼마 동안 별거하다가 두 사람의 감정이 융화되어 다시 동거하게 되어서는, 처음보다 오히려 더 심한 환멸을 느끼게 되어 결국 갈라지고 마는 것을 보았어요. 부부 사이가 아니고 집에서 부리던 사람이라도 내보냈던 사람을 도로 쓰게 되는 때는 웬일인지 퍽 재미없는 일이 많아지더군요. 이론상으로 보아서는 새사람보단 정든 사람이 나을 것 같지만 이상과 같은 예를 보건대 시험 별거라는 그것은 이론과 방법으로써는 좋지만 실제에 있어서는 재미없는 줄 압니다.

혹 이혼이라는 전제 조건을 두지 말고 잠깐씩 부부가 별거 생활하는 것은 흥미 있는 일일 것 같이 생각됩니다.

병적 현상으로 보인다

주요한(시인·언론인·정치인)

나는 원칙상으로 이혼을 시인하는 바입니다. 이혼해야 한다는 의사를 가졌으면 마땅히 이혼하는 것이 당연한 일이라고 생각합니다.

(그러나 현 사회 제도가 개량되기 전엔 공식대로 시행한다면 시행하는 그 사람만 희생당하고 말 것입니다. 아메리카 같은 나라에서는 자녀가 없는 경우엔 일반적으로 이혼을 어렵지 않게 여기지만 조선에 있어서는 자녀만 문제될 뿐 아니라 더욱이 도덕 관념이 여자에게 치명적 타격을 주게 되므로 중대한 문제가 되고 있습니다.)

그러나 감정적으로 이혼한다든가 하는 것은 재미없는 일이외다. 매일 먹는 밥도 먹기 싫을 때가 있거든 아무리 부부지간이라고 한때 싫어지는 때가 없을 리야 있나요. 그렇다고 감정을 누르지 못하고 그 즉석에서 이혼해 버린다면 사회생활의 질서를 유지할 수 없겠으니 이러한 경우엔 행동을 신중히 한다는 의미에서 시험 별거가 한 가지 방법이 될까 합니다.

그런데 시험 별거 그것이 부르주아 자기들의 향락을 찾고저 하는 즉 병적 현상에서 생긴 것임으로 일반 사회적으로 취급할 중대한 문제가 아니라는 것을 말씀해둡니다.

배교자의 기교 아닐까

박희도(교육자·언론인·사회운동가)

한번 싫은 사람이 따로 떨어져 있다가 다시 만난다고 좋아질 리야 없겠지요.

그러니까 시험 별거라는 것은 한갓 모순된 일이라고 봅니다.

최근에 세계적으로 이혼율이 높다는 아메리카 리노 시에서 시험적으로 별거 생활을 시킨다는 말도 들리더군요.

아메리카 같은 나라는 기독교가 심히 성한 나라인 만큼 교리에 의하야 신자로서는 도저히 이혼할 수 없게 되어있습니다. 성서에 간음하기 전엔 이혼하지 말라고 했으니까 살기 싫어서 이혼했으면 하는 생각이 일어나는 때면 별거하는 것이랍니다. 여기에서 시험 별거하는 문제가 생기게 된 것이지요.

시험적으로 별거했다가 다시 맘이 좋아지는 때에 가서 결합한다는 조건을 붙이기보다 죄를 범하는 기회를 만들어 준다는 말이 적절할 줄 압니다.

물론 오랫동안 별거한다면 거기엔 반드시 죄를 범할 기회가 닥쳐오리라는 것은 누구나 예측하고 있는 바이니까요.

얼마 전에 내 친구 중 한 사람도 자기 아내와 이혼하려고 하다가 교회가 무서워서 얼마 동안 별거 생활을 하다가 결국 이혼하고 교회에서 책벌을 받게 되었습니다.

살기 싫어서 이혼해버리는 것이 죄가 될는지? 깨끗한 사람으로 죄를 짓게 만드는 것이 죄가 될는지? 판단하기 거북하지만 어쨌든 시험 별거라는 것이 일종 부패한 기독교 정신에서 발아한 문제라고 밖에는 생각지 않습니다.

별거하면 영별될 뿐

김동진(언론인)

내 생각엔 시험 별거는 이혼을 촉진시키는 전제 수단인 줄 압니다.

도학자처럼 가만히 앉아서 정조를 지킨다면 모르거니와 젊은 남녀가 별거한다면 거기엔 필연적으로 성적 충동이 생기게 되므로 이로 말미암아 새 사람과 접촉하게 될 것이니 자기 상대자에 대해서는 한층 더 권태를 느끼게 될 것이 아니겠습니까. 들으니까 결혼해서 1년이나 혹 3년이 되면 권태를 느끼게 된다고는 하나 부부 생활은 연애 생활과 달라서 순전히 의리로 지내나가는 것인 까닭에 내 생각 같아서는 권태기라는 것이 없을 것 같습니다. 만약 있다면 권태를 느끼게 되는 때에 이혼해 버리는 것이 좋을 줄로 압니다. 그렇지 않으면 옛날의 재미있는 시대를 회상하여 억지로 권태를 느끼지 않도록 하는 것도 좋겠지요. 가령 예를 든다면 알밤 같은 것 등을 끄집어내서 보는 것이 좋을 줄 압니다.

여유 줌이 옳다

주요섭(소설가·영문학자)

부부가 살다가 이상이 맞지 않고 서로 이해가 없는 때는 갈라져야 마땅한 일이겠지요만, 심히 사랑하고 사이좋던 부부 사이라도 순전히 일시적 감정으로서 이혼해버리는 일이 종종 있는데, 시험 별거가 실시된다면 모든 것을 서서히 생각할 여유를 만들어주는 기회가 될 것 같아서 좋을 듯싶습니다.

후회 예방으로

황애덕(독립운동가·여성운동가)

아무리 좋은 음식이라도 싫을 때가 있고 좋은 보물이라도 늘 들고 있으면 싫증이 나는데, 부부 생활인들 왜 싫증이 생기는 때가 없겠습니까. 부부 생활만 그런 것이 아니라 어떠한 사업하는 데 있어서도 권태를 느끼는데요.

그러므로 서로 이해하던 부부 사이라면 권태기에 있어서만 서로 갈라져 있는 것이 퍽 좋은 방법이라고 생각합니다. 부부가 감정으로써 충돌이 되는 때가 많은 만큼 감정이 일어나는 때에 곧 이혼해 버린다면 후에 이르러서 후회하게 되는 일이 많이 생기므로 이혼했다가 다시 결합하는 것을 구경했습니다. 혹 이혼하지 않으면 안 될 경우도 있기야 하지요. 말하자면 부모가 결합시켜준 부부, 즉 무조건하고 싫은 사람이라면 처음부터 이혼해버리는 것이 좋을 줄 압니다.◆

삼천리 제6권 5호
1934년 05월 01일

당신 눈에는 여성이 천사로 보입니까? 악마로 보입니까?

서광제(평론가·영화감독)

여성은 악마다. 정말 악마다. 왜 그러냐 하면 어떠한 굳센 남자라도 유혹할 만한 무기를 갖고 있으니까?

이서구(극작가)

나는 어여쁜 악마라 부릅니다. 귀엽기야 천사 이상일는지 모르나 돈을 들여야 하고 마음을 쏟아야 하는 그네와의 교섭은 너무나 과중한 책무요, 피와 눈물 나는 희생이 필요해지니 악마라고 부르고도 싶습니다. 밉거든 아주 밉거나 어여쁘건 아주 어여쁘기만 했으면 좋겠는데 모습은 곱고 마음씨는 얄미우니 이럴 수도 없고 저럴 수도 없어 반생을 그네에게 휘둘려 살아왔습니다.

이종명(소설가)

여성은 천사도 아니요, 악마도 아닙니다. 단지 사람입니다. 그러나 남성이 연애를 할 때에는 상대을 천사로 보고, 실연을 당할 때는 악마로 보는 모양입니다(단, 나는 요사이 연애를 하기 때문에 한 분의 천사를 모시고 있습니다).

박창훈(외과의사·고미술품수장가)

여성 전체를 동일시할 수는 없습니다.

1. 천사로 보이는 이도 있습니다(주부 타입을 가진 여성일 때는). 특히 용모 자태가 특출하면 금상첨화겠습니다.
2. 악마같이 보이는 이도 있습니다(창기 타입의 여성일 때에). 특히 무양심적 독부毒婦인 때는 소름까지 끼칠 수 있겠지요.
3. 이상의 중간형도 있습니다.

김기림(시인·문학평론가)

맨 처음에는 천사로 보였고 다음에는 악마로 보이더니 지금은 그저 인간으로 보입니다. 왜 그러냐고? 맨 처음에는 나는 그를 숭배하였고, 다음에는 그를 미워했고, 그다음에는 그의 미도 추도 모두 그가 인간인 데서 오는 것을 알았으므로 그것이 모두 사랑스러웠소.◆

삼천리 제6권 7호
1934년 06월 01일

내가 서울 여시장 된다면?

황애시덕(독립운동가·여성운동가)

시장은 언제 되든지 되는 그때에 제일 급선무로 집행할 것이 있지요. 만일 지금의 내가 서울 시장이 된다면? 다음 두 가지 정사를 하겠소이다.

1. 남녀에게 똑같은 정권을 줄 것과
2. 서울에 주사청루 유곽을 철폐시키는 동시에 일체 유흥배를 엄중 취체[단속]하고 그 대신 무직자에게 직업을 줄 만한 시설을 하도록 하겠어요.

우봉운(여성운동가·교사)

시민으로 하여금 허영에서 벗어나게 하고 사치의 풍습을 절실히 폐지시키고 화장품값을 현시보다 100배쯤 비싸지게 세금을 올리겠습니다.

장덕조(소설가·언론인)

1. 공중위생과 주택 문제를 주로 한 시구[市區, 도시의 구역] 개정을 단행하겠습니다.
2. 직업 부인을 위한 시영 탁아소의 창설.

이선희(소설가)

1. 서울 안에 시민을 모조리 불러내어서 영양 주사를 한 대씩 주겠어요.
2. 딴쓰홀을 한 백여 소에 두고 남녀노소 할 것 없이 잡아내어 춤을 추게 하지요.
3. 구세군을 한길로 떼를 지어 다니지 못하게 하겠어요. 아주 보기 싫으니까요.
4. 여기자에게 특별 대우를 하되 이에 위반하는 자는 구류에 처하지요. (씨는 《개벽사》 부인 기자)

나혜석(화가·문인·여성운동가·언론인)

1. 전차 서대문선과 마포선 간, 동대문선과 청량리선 간, 광희문선과 왕십리선 간을 하나의 구역으로 변경할 정사를 하겠습니다.
2. 조선인 시가지도 본정통[本町通, 충무로]과 같은 전기 시설을 하도록 하겠습니다.
3. 여성 단체를 조직하야 시세 사상 교풍에 대하야 통일적 사상과 행동을 갖도록 하겠습니다.

김자혜(언론인)

만일 내가 서울 여시장이 된다면 금주단연령禁酒斷煙令을 내리겠습니다. 그리고 전매국과 양조장은 종로 네거리에 올망졸망한 새끼 거지들의 수용소로 만들겠습니다. 그러나 모두 농담이지요. 제가 서울 여시장이라니 천지개벽을 하게요.

김선초(가수·배우)

제가 여시장에 취임한다면 아마 코럼비아[컬럼비아] 레-코드 속에서겠지요. 그러니 서울 여시장이 된 후에 첫 정사라는 것도 코럼비아 문예부 각본이 보여 주는 대로 레-코드 통제나 해야겠지요.◆

삼천리 제7권 6호
1935년 07월 01일

여성을 논평하는 남성 좌담회

1. 자유 결혼한 신가정이 잘 파탄됨은 여성의 죄인가? 남성의 죄인가?
2. 결혼할 길을 찾아서 직업 부인으로 나서는 경향이 있지 않은가?
3. 반도의 미인은 어디 있는가?

출석자명 : 박창훈(의학박사, 전 경성제대, 전 경성의전 교수), 김동인(소설가),이기세(전 신문편집국장, 빅터 레코드 회사 문예부장), 김안서(시인), 이인(변호사, 전 조선변호사협회장, 과학연구사장)
(윤백남, 차상찬, 이서구 세 분 유고有故 미참)
본 사 측 : 김동환(주간), 박상희(기자), 김성목(기자)
일　　시 : 5월 31일 오후 7시 30분부터
장　　소 : 종로 백합원* 누각에서

* 종로2가 YMCA 건물 건너편 골목에 있던 서양 요릿집.

자유 결혼 또는 연애 결혼한 신가정이 자꾸 파탄되어 가는데 그 죄는 남자 측에 있을까요, 여자 측에 있을까요?

박창훈 그래요. 내가 알기에도 연애 끝에 결혼한 신식 가정치고 밤낮 툭탁하고 싸움이 끝날 날이 없는 집이 많고, 또 심하면 보따리 해 짊어지고 이혼하여 버리는 일이 많았어요. 원래 '싸움이란 사랑하니까 있는 것이다.'하야 애증일치를 말하는 철학자도 없는 것은 아니지만 어쨌든 싸우고 이혼하고…. 이러한 풍경은 아름다운 풍경이랄 수 없지요. 우선 사회적으로 유명한 모모 여사들 행동은 눈꼴에 틀려요. 그런데 가만히 생각하여 보면 이렇게 연애 결혼한 가정이 파탄되는 원인은 암만해도 사내들이 더 많이 만들고 있는 듯해요.

김동환 어째서요?

이인 그것은 그럴밖에. 사내들은 여자의 개성을 존중할 줄을 깜박 잊어버리니까. 말하자면 여자를 볼 적에 '제까짓 게 알면 몇 푼어치 알랴.'하여 남의 고등여학교나 대학교 우등 졸업한 여성을 하잘것없게 취급하니 여자 측에서 반항하지요, 사내를 깔보지요. 이리되면 옳네 그르네 하고 옥신각신이 끝날 날이 없게 되는데 머리에다가 찬 냉수를 한 바가지 꽉 끼얹고 냉정히 생각하여 본다면 암만해도 열에 일곱까지는 남성 횡포에 그 죄가 있는 듯해요. 남성들이 인종을 너무 강요하는 것이 잘못이었지.

김안서 그야 엄정히 말하자면 여자에게야 어디 개성이 있나요.

그 실례로 좀 학식 있다는 여성치고 글씨 쓰는 것을 보면 제 남편 글씨 본을 따르지 않는 여성이라고 없어요. 마치 여자란 흐르는 물 같아서 네모진 사내를 남편으로 만나면 그 여자 또한 네모나게 성격이나 취미가 굳어지고 둥글둥글 수박 통 같은 사내를 만나면 또한 둥글게 쫓아가지요. 왜요, 이런 말이 있지 않아요. 로마에서 유명한 철학자와 학자들이 모여 '여자에게 영혼이 있느냐?' 하는 문제를 가지고 토론한 끝에 결국 '영혼이 없다.'하고 판단이 되었다 하지 않아요. 그래요, 여성이란 암만해도 남성보다 지식수준이나 능력이 못해요. 그러니까 어느 정도의 '인종의 미'를 발휘하여 사내가 싸움을 걸더라도 애당초에 '지고 말 싸움'을 하느라고 하지 말고 양보에 또 양보하여 지내는 것이 옳겠지요.

이기세 그리고 또 이런 이유도 있을 줄 알아요. 연애할 때에는 되도록 서로 결점을 감추기에 애쓰지요. 더구나 사내들이 사랑하는 여자 앞에서 하는 태도란 가관이지요. '내게는 늘 돈 있지.'하는 듯이 극장 같은 데도 자주 데리고 구경 가지, 가서도 연해 일등석에 점잔을 빼고 앉지, 또 연애 시대에는 머리에도 기름칠하고, 옷도 깨끗이 줄을 내어 입고, 얼굴도 하루 두세 번씩 씻고 어쨌든 알뜰하고 얌전하고 옷매무새 잘하고 정하게 입고. 그래서 이 사내는 퍽 얌전하구나 하는 인상을 주기에 애쓰지요. 말씨도 오죽이나 공손한가요. 아무개 씨 아무개 씨 하고 입가에 나쁜 말씨라고는 한 마디도 담을 줄 모르지요, 그만 여기에 반하지 여자들은. 그래서 정작 결혼하여 놓고 보면 그만 남성들의 가면이 벗겨지지요. 안 먹는다던 술도 마시고 담배도 피우지요, 옷도 주정뱅이같이 입지요, 말도 아무 씨가 다 달아나고 공손치 못해지지요. 극장에도 일 년에 한 번이나 데려다줄까. 요행 가더래도 맨 하등석에 처박아 앉히고 남의 눈에 뜨일세라 창피하듯이 쉬쉬 말도 함부로 못 붙이게 하지요. 자, 이러니 여성 된 자 기불역노발호[豈不亦怒發乎, 어찌 또한 화내지 아니하랴]로 어째서 이 분을 참으려 하야, 제 남편 만나면 웃을 생각보다 욕할 생각부터 먼저 하게 되어 저절로 가정이 불화하여져서 끝끝내 별거요, 이혼이요 하게 되지요. 그러기에 사내 죄가 암만해도 많을걸요.

김동인 남성들에게 제멋대로 함은 미덕인데 이걸 몰라주니 신여성은 딱해요. 저와 같은 레벨에 사내를 세워두고 권리도 같이 의무도 똑같이! 하는 식으로 달려드니 그런 질색이 어디 있어요. 원체 하느님 생리상 구조부터 사내는 제멋대로 굴고 여자는 인종으로 된 줄은 깜박 잊어버리고.

박창훈 흥, 그건 모르시는 말씀이지 여성들 편 말을 들어보셔요. "사내 녀석들이 제아무리 우쭐거려도 나파륜[나폴레옹] 낳은 것도 여자지, 삐스막[비스마르크]이나 쏘쿠라테쓰[소크라테스] 낳은 것도 여자지!"한대요. 하하하. (일동대소)

김안서 낳기야 여자가 낳지. 그러나 여자 혼자서 낳는 재주야

있든가요. (일동폭소)

김동환 한 걸음 더 나아가서 어떻게 하면 연애 결혼한 가정의 이 비극을 피할 수 있겠어요?

박창훈 여자에게 너무 지나친 고등교육을 시키지 않아도 괜찮다구요. 여자는 결국 가정에 들어 앉어 밥 짓고 옷 빨고 즉 치가[治家, 집안일을 보살펴 처리함]하는 데 천직이 있어요. 그러자면 특수한 걸출한, 천재적 여성을 내어놓고는 모두 소학교 정도의 교육에 그쳐도 조선의 현실에 있어서는 결코 폭론이 아니라고 믿어요.

김동인 그렇지요. 여자를 너무 존중하여도 가정에 불행이 일고 여자를 너무 멸시하여도 가정에 불행이 이는 터인즉, 결국 너무 고등한 교육을 백 명이면 백 명에게 다 시킬 필요는 없어요. 아메리카 여성은 교육이 부족하여 이혼 잘하는가요. 너무 높은 교육을 받아 모두 대학 출신이 대부분이 되니까 지난날 나도 낫다고 코가 높아져서 사내들을 사람으로 안 아는 데서 연해연방 이혼 사건이 일지요.

김동환 십 년 전에 비하여 조선의 이혼율은 어때요?

이인 법정에 나타나는 것만 아마 3배는 늘었을걸요. 점점 많아져 가지요. 그런데 이혼의 비극을 피하자면 법률을 개정하여 놓아야 하겠는데 그것은 즉 여자의 정조 유린 보상에 대하야 남자 측에게 좀 더 부담을 강제하여 놓는다면 연애를 되는대로 할 리도 없을 것 같아요. 그리고 또 한 가지는 여자에게 무슨 대학이요 무슨 전문학교요 하는 그런 고등교육을 주기보다 상식 교육을 주기에 힘쓸 일인데, 가령 쌀값이 어떻게 된다거나 아이 기르는 법이라거나 만주사변이 어떻게 되어 간다거나 하는 일반 상식 교육을 좀 더 철저히 시행하여 놓는다면 여자들도 가정과 사회의 관련성 같은 것을 충분히 이해하게 되어 가정 치가하는 데에도 많이 주의가 갈 줄 압니다.

여학교를 졸업한 여성들로서 혹은 떼파-트[백화점]의 여점원, 여교원, 여차장 등 직업 전선에 나오는 이가 많은데, 이 모든 여성의 직업을 보장하고, 취직에 있어 우선권을 주고, 급료 기타의 대우에 있어 좀 더 우대하고 그네의 정조를 옹호하여줄 방책을 말씀하여 주셔요.

이기세 예전에는 얼굴 못생긴 여성들이 시집가기 틀렸으니까 직업 전선에 뛰어들던 경향이 있었지요. 그러나 지금에는 얼굴이 어여쁜 여성들이 제 남편 고르기 위하야 다시 말하면 보다 더 좋은 결혼할 기회를 얻기 위하야 직업 전선에 나서는 이가 많은 듯해요. 그 실례로 가령 종로의 어떤 큰 백화점의 백여 명도 넘는 여점원을 보아도 모두 고등여학교 출신이 많고 또 점잖은 집안의 따님들이 많아요. 그리고 또 실제에 있어 떼파-트의 여점원으로 나왔다가 좋은 곳에 시집간 이가 많거든요. 어여쁜 이는 불과 서너 달이 다 가지 못하여서 결혼하여 간다 하니까 이러한 경향은 비단 화신뿐 아니라 미츠코시三越나

정자옥[丁子屋, 조지아]이나 다 마찬가지라 해요. 그러니까 지금 직업 전선에 나서는 이는 예전과 달라 반드시 생활난 때문에 그리하는 것 같지 않아요.

박창훈 서울 여자들도 그런 점이 있겠지만 나는 제국대학과 의학전문학교에 오래 있었던 관계로 간호부들을 많이 취급하여 보았는데, 현해탄을 건너온 색시들은 열이면 아홉까지 모두 시집가기 위한 준비로 간호부가 되어 지내요. 그 사이에 월급을 모아 세루치마 단 한 벌이라도 더 장만하려고 그러고 결혼 도구를 한 가지, 두 가지씩 사는 것으로 낙을 삼아요. 그러다가 좋은 배필을 제 눈으로 골라가지고 결혼하여 버립데다. 조선 여자들도 확실히 그리되어 가는 경향이 있는 듯해요.

김동인 직업 여성이 되는 데는 허영도 섞였어요. 여학교 교사는 모르겠지마는 그밖에 가령 떼파-트의 여점원이라든지 버스걸(여차장)이라든지, 모두 그 마음 가운데는 허영심에 잠기어 나오는 이도 많을 듯해요. 마치 무슨 근사한 기회나 행운을 만날 것 같아서요.

이인 그러나 이러저러하다 해도 역시 생활을 위하여 나오는 여성이 십중칠팔까지는 될걸요. 그런데 이 직업여성의 정조를 어떻게 하면 보호해 줄까, 이것은 차츰 사회의 주목을 끌어야 할 중대 문제인데 왜, 다들 기억하실걸요? 수년 전 경인자동차회사 사장 모가 순결한 젊은 여차장의 몸을 좀 많이 버려 주었나요. 그래서 결국 재판이 되어 정조 유린 위자료를 물게 되었는데 겨우 500원이던가 판결 났지요. 다수한 소녀가 그처럼 희생이 되었건만 결국 그 보상이 수백 원에 그치고 만다면 그 불행한 여성들은 어디에 가서 정신상 위안을 받겠어요. 이제 소원령訴願令이 명년부터 실시된다니까 우리들 변호사들은 좀 더 이 점에 활약하여 보려 하거니와 우리가 이 문제를 바라볼 때에 늘 생각하는 것은 어서 조선에도 여변호사가 나서서 여성의 입장으로서 정조 옹호를 위한 절실한 요구가 있어 주었으면 좋겠어요.

김동환 좋은 말씀이구만요. 그런데 여성으로서 제 정조를 옹호한다는 것은 아름답고 당연한 일이겠지만 그렇다고 '정조는 생명보다 더 중요'하단 도덕률이 설까요? 가령 불의에 강X*을 당하였다 합시다. 그런 봉변을 당하면 여자들은 부끄럽다고 자살하는 것이 종래의 동양 도덕이었는데 이처럼까지 할 것이야 있을까요. 이 기회에 꼭 알고 싶은 것은 의학상으로 어떠합니까? 한 번의 성행위 때문에 그 여자는 일생을 두고 혈통이 불순하여집니까?

박창훈 노! 그렇지 않아요. 의학자들의 입장으로 볼 때에 딴 남자와 관계하였다 할지라도 혈액에 그렇게 큰 반응을 일으키는 것은 아녀요. 한두 번의 일로 여자의 온 신체 속에 그 사내의 피가 흘러 육체적 변화가 인다고는 보이지

---

* 당시 검열로 삭제된 것. 원문 표기 그대로 X로 두었다.

않습니다. 다만 그것은 정신상의 고통의 문제지요.

김안서 그렇지 않은 경우도 있는 듯해요. 어느 책에서 보니까 동경서 어떤 의학자가 강연하였는데 간통한 남자의 피는 언제까지든지 그 여자가 죽을 때까지 그 핏속에 섞여 있다 하였더니 그날 밤 그 강연을 듣고 돌아오던 여성 가운데 둘이나 자살하였더래요. 몇 해 후에 무슨 형식으로든지 그 여자의 태아에 간통한 사내의 모형이 나타나거나 하니 무서워서요.

김동인 종묘우種苗牛에 좋은 실례가 있지요. 얼룩소와 관계시킨 암소는 첫 번 분만에는 비록 그 징조가 나타나지 않는다 할지라도 반드시 두 번째, 세 번째 분만할 때는 반드시 얼룩송아지를 낳는다고 합데다. 사람도 마찬가지일걸요.

이인 만일 그러하면 강X이나 당한 여자들은 일생을 두고 그 마음의 고통을 받아야 하겠으니 그 보상으로 법률적으로 무슨 보호시설이 하루 급히 있어야 좋을 줄 알아요.

김동환 정조 유린에 대한 손해배상액은 얼마나 하면 여성들이 만족할까요?

이인 남쪽 여성과 북쪽 여성이 달라요. 서울 이남의 충청, 전라, 경상도서는 여자의 정조를 몹시 높이 평가하니까 재판소 판결례를 볼지라도 값이 비싸고 서선이나 북선[이북] 방면 것은 싸요. 조선서 최고로 받은 기록은 몇 해 전 서울서 어떤 부호를 상대로 하여 오천 원을 받은 일이 있지요. 이것이 가장 많았지요. 그밖에는 대개 이삼백 원에서부터 사오백 원 정도지요.

김안서 정조를 빼앗겼으니 돈을 내라 하는 데는 암만 생각하여도 불순한 감정이 생겨요. 빼앗길 의사만 없다면 그렇게 용이히 빼앗겨질 까닭이 없겠는데 제 죄는 슬쩍 감추고 전부를 사내에게 뒤집어씌운다는 것은 암만해도 모를 일이어요.

이기세 그렇지요. 엄정히 따지자면 여자 측에도 허물이 있기에 정조 값이 자꾸 싸지는 게지요. 하하. (일동웃음)

이인 그러나 법률을 악용하야 차푸링[채플린] 아내같이 돈 잘라먹기 위한 행위를 하는 여성도 있지만 그런 것은 백에 하나이겠지요.

미인의 생명은 몇 해로 보십니까, 또 조선의 미인은 어디에 있습니까, 근래는 어떤 분을 미인이라고 합니까?

김동인 자고로 미인박명이란 말은 반드시 빨리 죽어서가 아니라, 미인의 아름다운 얼굴이란 오래가지 못하고 곧 시들어 감을 한탄하는 말인 줄로 아는데, 내가 동경에 유학하고 있을 때에 누구누구라고 지목받던 그 잘생겼던 여학생들을 그 뒤 서울서 만나니까 불과 4, 5년 시일이 지나갔건만 보잘것없이 되었더군요. 윤택 있던 살결, 화기 있던 표정, 영채 나던 눈, 윤 흐르던 머리, 그 모든 것이 오래가야 3, 4년으로, 곧 아이 낳고 시집가고 하면 그만 무너지고 맙데다. 기생들도 그렇지요. 평양 일대 서울 일대라 하야 일류 명기라고 치던 꽃 같은 미인들도 화초기생 3년이라고 2, 3년만 지나니 벌써 파파노인이 되더구만요.

이기세 옳아요. 미인의 생명은 짧아요. 그저 18, 9에서 21, 2까지지요. 그런데 조선서 미인을 찾자면 역시 서북일걸요. 더구나 강계일걸요.

박창훈 미인에도 여러 가지 있지요. 동경東京 것은 에도 미인이라 하여 만지는 미인이고, 경도京都 것은 교토 미인이라 하야 바라보는 화초 미인이고, 저 신석현[新潟縣, 니가타] 같은 산골 미인은 에치고 미인이라 하야 그야말로 육감적인 데리고 놀기좋은 미인이 있다 하지 않아요. 마찬가지로 경기·충청의 미인은 바라보는 미인, 영남·서북은 데리고 놀기 좋은 미인들이라고 하겠는데 의학상으로 보면. ◆

삼천리 제7권 8호
1935년 09월 01일

약혼 시대에 허신許身함이 죄일까?

절대로 순결을 지키자

노천명(시인·언론인)

약혼기와 결혼기 그 사이에는 반드시 구분선이 확연히 있어야만 하리라고 생각합니다. 그런데 요새 와서는 이 구분선이 차차로 흐려서 혼탁이 되어가는 재미없는 현상을 보게 됩니다.

'약혼기 중에 허신함을 불가합니까?'고 물으셨는데 어떠한 경우를 막론하고 그것은 불가하다고 생각합니다.

약혼 기간의 교제로 말하면 결혼기에 들어가는 준비로써

서로의 성격이나 취미 등에 있어서 상세한 점을 좀 더 알며 앞으로 전개될 생활의 설계를 하는 범위 안에서 더 벗어나지 않아야 하겠지요.

그리고 아무리 자기의 장점이라 하더라도 하나에서 열까지 다 드러내어 놓는 것은 재미없을 것 같습니다. 언제나 상대편에 대하여 호기심이 소멸되는 날에는 환멸이 오기 쉬우며 뒤따라 권태가 오지 않을까요. 그러므로 투명한 인간이 되는 것은 삼가야 할 것 같습니다.

약혼 시대에 지나친 교제는 대개 결혼선까지 이르지 못하고 중도에 깨어지기 쉽게 되는 동시에 결혼을 한다 하더라도 권태를 느끼기 쉬우며 이상이 일어나기 쉽다는 것은 오늘 연애결혼 중 불순한 기미들이 보여주는 실례로 증명될 것 같습니다.

약혼 시대를 고결하게 지낸다는 것은 후일 자기네들의 결혼 생활에 있어서 과거를 회상할 때 불결 대신에 맑고 아름다운 꿈을 가질 수 있다는 의미에서 보더라도 도에 지나치는 교제는 서로를 위해서 굳게 삼가야 할 것이라고 생각합니다.

이지적인 깨끗한 교제 희망

박인덕(교육가·여성운동가·사상가)

만약 약혼 중에 허신을 하게 된다면 구태여 결혼식이 무슨 필요가 있겠습니까?

결혼식이란 관문을 통하기 전에는 도저히 허신이란 생각조차도 허치 않아요.

그렇다고 해서 약혼 기간 중에 얼마만 한 정도의 교제가 필요하다는 제한과 경계선이 있다고 할 수도 없지요.

모든 것을 널리 세계에 구하는 오늘에 있어서도 우리는 우리의 도덕과 인습 등에 비추어 각자의 이지력과 판단력에 맡겨 각자의 양심에 어그러지지 않는 가장 아름답고 가장 깨끗한 교제와 접촉만 하면 충분하리라고 믿습니다.

이 문제는 조선에 있어서 인텔리 층의 여성을 상대함이고 더욱이 약혼기에 든 남녀라고 하면 대개는 지智, 정情, 의意를 소유한 자이기 때문에 그들의 이지와 판단으로써 깨끗하고 아름답다고 믿는 교제만이라면 이 이상 더 바랄 게 아무것도 없지요.

정조 지킬 필요 없다

(주요한 씨 부인)최선복

1. 약혼 전에 허신함이 불가하다면 약혼 후에 허신함도 불가하겠고, 약혼 후에 허신함이 가하다면 약혼 전에 허신함도 가할 터이라. 결혼이란 결국 허신하는 노릇이거든 구태여 약혼시대에 애타게도 정조를 지킬 필요 있어 남을 못살게 굴리오.
2. 약혼 시대 교제의 한계는 단둘이 있을 적에는 팔꿈치까지는 대어도 관계치 않으나 거리에 나가 다닐 적에는 적어도

일척오촌 이상의 거리를 두어서 밀착함을 피할 일.

허신하면 결혼 파탄될 위험 있다

박승호(언론인·여성운동가)

'약혼 기간 중에 허신함이 불가한가?'하는 설문은 즉 '허신하는 것도 괜찮은가?'하는 정도의 의미로서 다시 말하면 어느 정도까지는 허신해도 좋지 않은가 하는 것을 전제로 둔 말이 아닌가 생각됩니다. 다만 이런 의미의 물음이라면 나는 이에 대하여 더 무어라 대답할 수는 없습니다. 그것은 내가 생각하고 있는 바 약혼 기간 중에 있어서는 허신 문제 운운부터 나는 절대 부인하기 때문이지요.

그러나 이런 전제와 범위를 뚝 떠나 어느 정도까지의 교제와 접촉이 필요한가 한다면 나는 이렇게 생각합니다.

제일 먼저 약혼 기간 문제가 중요할 줄로 압니다. 이 약혼 기간은 될 수 있는 대로는 짧아야 하겠어요. 기간이 길면 길수록 그 사이는 자연히 가까워져 가며 나중에는 정식 결혼을 하기 전에 그만 허신하게 되니까요. 그러하기 때문에 이 약혼 기간은 최장 기간으로 약 1년간이면 만족할 줄로 압니다. 이 이상은 불가할 줄로 알아요. 짧으면 짧을수록 좋겠지요. 그러나 그것도 정도 문제지요. 다만 그 정도에 지나쳐서는 안 되겠다는 말씀이지요. 다음은 그 부모 되시는 분이 그 자녀들의 성격과 행동을 잘 이해하여야 하겠어요. 너무 자유 방임하여 두어도 안 되겠지만 그렇다고 꼭 붙들어두란 것도 아니어요. 아무리 그들의 의사를 존중한다 하더라도 그들은 아직 혈기 발발한 젊은이들이기 때문에 노상 간섭이 없을 수 없지요. 그 약혼한 기간으로 보아서 그들에게 접촉할 기회를 너무 주지 말고 곧 정식 결혼을 하도록 하는 것이 좋을 줄 알아요. 거듭 말합니다만 하여간 약혼 기간 중에 허신을 하게만 되면 대개는 그 사랑이 정식 결혼에까지 가지를 못할 줄로 압니다.

육체의 변화와 파경

독일의학박사 정석태(의사)

나는 의사입니다. 그러기에 의학자의 눈으로 이 문제를 바라볼 적에 이렇게 대답하고 싶습니다. 여자가 약혼한 남자에게 몸을 허하였다가 만일 그 약혼이 결혼에까지 미치지 못하고 깨어지는 경우에 그 여성의 신체에는 큰 허물이 가지 않는가 하는 점부터 캐어 알아야 하겠습니다.

순결하던 여성이 성적으로 이성을 한 번 알고 난 뒤에 곧 어떠한 육체의 현상이 나타나는가 하면, 젖이 커지고 엉덩이가 둥그렇게 솟아오르며 목소리가 쉬어집니다. 그것도 한동안이지 점차 평상 상태에 돌아가서 엉덩이도 낮아지고 유방도 그렇게 큰 변화가 눈에 띄게 되지 않습니다. 그러면 그 남성에게서 받은 정액은 영원히 혈액 속에 파묻혀 그 자손에게 유전되지 않는가? 이것도 그렇지 않습니다. 정액도 얼마 뒤엔 그 혈액 속에서

해소되어 버리어 흔적이 없어져 갑니다.

그러기에 의학상으로 볼 때 비록 갑이라는 남성과 약혼하여 허신하였다가 을이라는 남성에게 시집을 갔다 할지라도 그 자손은 역시 을의 자손이지 조금치도 갑이란 남성의 영향을 육체적으로는 없어집니다. 다만 그로 말미암아 여성이 받는 정신상 고통은 별문제겠지요.

규슈 대학의 학부 어느 박사에게 젊은 신여성 한 분이 찾아와서 실상은 자기는 약혼 시대에 그 사내에게 정조를 맡겼더니 그만 결혼에까지 가지 못하고 지금 딴 사내와 한 가정을 이루고 사는데, 현재의 남편에게 자기가 순결하지 못하단 것을 고백해야 옳을는지 정신상 고민이 심하기에 호소하러 왔노라 하고 꼭 귀사의 이 문제와 같은 실지 문제를 들고 왔을 때에 그 박사는 한참 생각하던 끝에 의학적으로 보아 하등의 혈액 영향이 없는 것을 말하여 자손에게는 아무런 유전이 없으니 남편이 이미 눈치챘거든 고백하고 용서를 바라는 것이 옳으나 남편이 모르고 있거든 결코 고백하지 말라. 남성의 심리로 그 소리 들으면 이혼하자고 할 터이니 그는 가정의 파멸이라고 굳게 말렸다. 진실로 이러하다. 적절한 해결책이라고 나도 동감한다.

내가 여러 해 유학하고 있던 독일 형편을 보건대 독일서는 약혼 기간이 대개 일 년에서부터 이태 가량인데 그곳에서는 문화가 발달되었으니만치 잘못 약혼하는 예가 드물어서 대개 결혼이 되고 만다. 그러기에 약혼 기간 중 순결을 지키라고 사회 도덕은 가르치지만, 아마 십상팔구는 잘 지켜지지 않아서 여성은 몸을 허하는 예가 태반이다.

조선서는 순결을 지키는 것이 아직도 옳을 것 같다. 그러나 키스나 포옹 정도는 상관없을 줄 안다.◆

삼천리 제10권 10호
1938년 10월 01일

여류 작가 의회

1. 빈민굴, 법정, 기녀 생활에서 취재하여 본 적이 있는가.
2. 세기의 히로인은 어떤 조건을 갖춘 자들인가요.
3. 민요와 시조와 역사 소설의 부흥을 어떻게 보시는가요.
4. 현 문단에서 중견이라 할 현역 작가는 누구인가요?
5. 평론가를 비평하여 보시오.

출석자명 : 모윤숙, 노천명, 이선희, 최정희, 김동환

1. 빈민굴, 법정, 기녀 생활에서 취재하여 본 적이 있는가

김동환 제가 총 메고 직접 전쟁에 나가보지 않았으면 제아무리 천재라도 루마루케[레마르크]의 〈서부전선 이상 없다〉 같은 각명[刻明, 새긴 것처럼 명료함]한 전장 묘사를 한 작품이 생기지 않았겠고, 마찬가지로, 서백리아[시베리아]의 도형수 생활을 겪지 않고서는 『악령』, 『죄와 벌』, 『백치』, 『사인의 가[死人의 家, 죽음의 집의 기록]』와 같은 숨 막힐 듯한 음영을 담은 도스토엡스키적 작품이 나오지 않았을 것이겠지요. 이러한

점에서 위대한 작가란, 거창한 제 자신의 생활 기록이 없이는 되지 않는 것이라고 생각되어져요. 비록 자신의 직접 체험까지는 못 가더라도 적어도 깊고 폭이 넓은 그런 생활을 이해하고, 보고, 듣고 즉 그에 대한 지식만이라도 가져야 옳을 줄 생각하여요. 이제 흥미를 끄는 것은, 여기 모인 여류 작가 여러분들이 조선 현실의 어떤 면에서 그 작품의 재료를 취하려 들며, 또 어떤 각도에서 그 사물을 바라보고 있는지 그런 점인데, 구체적으로 내가 몇 가지를 물어보리다. 여러분은 빈민굴을 찾아가 본 적이 있습니까? 서울 시구문 밖에 있는 '산송장'들이 모여 사는 그 촌락을? 그 문 어구를? 그 부엌 속을…? 그래서 그네가 먹는 음식물을, 의복을, 그 생활의 이상을 물어보고 캐어보고 한 적이 있었던가요? 빈민굴은 우리 생활의 연장이요, 또 일면이니까 호기심으로서가 아니요, 진실로 우리들 자신의 생활을 해부·묘사한다는 의미에서 가장 중요한 일면이 되는 것이니까요.

노천명 저는요, 예전 이화여전 문과 다닐 적에, 영어 실습소가 바로 서대문 밖 성낭 낭떠러지 위에 있었기 까닭에 책보 끼고 조석으로 그 앞을 지나가는 길에 백주에도 그 어두침침한 그 먼지와 고기 썩는 냄새와(부근에 경성부의 진애[塵埃, 티끌과 먼지] 버리는 데가 그때는 거기 있었으니까) 코를 찌르는 어린애 오줌 냄새가 호흡을 막는 듯한 속에서 주림과 추위에 얼굴이 파래진 빈민들이 굼벵이 모양으로

움실거리고 사는 양을 보고, 현실이란 참으로 참혹하구나 하는 생각이 들어서 나도 장래에 작품을 쓰는 날이 있다면 바로 저런 사람들의 하소연도 써보고, 저네들의 넋두리도, 저네들의 노래도 지어 보려고 생각했더니요, 그때에는 머릿속에 그네들의 말과 호흡이 팽팽 돌더니만….

김동환 팽팽 돌더니만, 그래 졸업하고 나서 그 뒤에 작품 속에 취급하여 본 것이 얼마나 되어요? 근작 시집 『산호림』에도 몇 편 들어갔나요? 김동인 씨의 『감자』 속에 '평양 칠성문 밖' 광경이 있듯이 그 시집 속에도요?

노천명 없어요. 쓰려고는 생각했지만 아직껏 한 편도 없었어요. 비단 이 빈민굴뿐 아니라, 정미 공장이나 방직 공장 같은 데 다니는 여공들의 생활도 다 흥미를 느껴요. 아름다운 면만 바라보지 말고, 우리들 여인은 여인의 그 생활 등을, 그 현실고를 깊이깊이 그려보자고요….

이선희 그야 우리가 여성이니만치 같은 여성 직업군의 생활 같은 데는 유별나게 주의가 가게 되지요. 빈민굴 속의 가난한 모녀의 생활뿐 아니라 거리의 떼파-트의 세일즈맨, 끽다점의 여아, 늙수그레한 전도 부인, 김빠진 재봉틀 판매녀, 여교사, 하다못해 방물장사 할머니, 거리의 갈보까지 그 운명과 그 사는 꼬락서니에 늘 눈이 안 갈 리가 있겠어요. 그렇지만 작가가 한 작품을 취재하는 것은 아무리 추하더라도 그 속에서 미감을 발견하여야 비로소 치켜들게 되지요. 미감이란 말이 부적당하다면 감흥이라

해도 좋아요. 그런데 어쩐지 조선의 최하층 생활 속에서는 그가 소설이 되고, 희곡이 되고, 시가 되고, 노래가 되어질 미감을 찾아낼 수가 없어요. 외국 같으면 그 생활이 아무리 추하고, 악하고, 가난하더라도, 또 싸움과 질투와 살인과 강도가 되풀이하더라도, 그 속에선 어쩐지 작가의 식미를 강렬하게 당시는 '썸싱'이 있는 듯이 느껴지지만요. 이것은 거짓 없는 나의 실감이어요.

최정희 그야 그렇지도 않겠지요. 서양 작가들도 이 지저분한 최하층 생활 속에서 처음엔 보잘것없는 소재를 골라서 그를 조직하고 묘사하고 꿈과 로-맨스를 집어넣어 발효시켜내니까 오늘날 우리네가 로맨틱하게 동경하는 그런 예술품이 된 것이 아니었을까요? 우리가 우리들 사는 이 거리에서 조선적인 매력 있는 제재를 붙잡지 못했다면 그는 우리들 재주의 부족이 아닐까요. 스탄박*은 연전에 서울 와서 처음에 경복궁의 장려한 대들보를 구경하고 나서는 다시 걸음을 되돌려 동대문 밖 어떤 선술집에 이르러 막걸리 한 잔을 들고 그 정조를 원더풀, 빠유티풀[뷰티풀] 불러가며 심각하게 감상하더래요. 예술가의 착안력이란 대개 이렇게 다 다르지요. 그가 〈모로코〉의 창부(디트리히 배역)를 골라가지고 얼마나 순정과 꿈을 부어 넣어 걸작을 만들었는가를 볼 수 있지

---

* 조셉 폰 스턴버그(Josef von Sternberg, 1894-1969)는 미국의 영화감독으로, 〈푸른 천사〉, 〈모로코〉, 〈불명예〉 등을 발표했다. 1936년, 경성에 방문했다.

않어요. 고리키가 그린 『밑바닥』도 필경 저 시구문 밖 빈민굴 같은 그런 곳에서 간음, 강도, 살인하는 악덕한들을 골라 가지고, 다만 거기에 인정과 사랑을 부어 넣어서 구상화한 것이 그 작품이 아니었을까요. 그러기에 요는 우리들의 태도와 재주에 달렸지요. 예전 도향은 아침부터 밤까지 핸들을 잡고 운전하는 전차 차장의 생활 속에서 『전차 차장의 일기』 같은 작품을 내지 않았던가요….

이선희 그렇더라도 나는 어쩐지 다른 듯해요. 조선은 문화 수준이 아무래도 서양과는 다르니까 서양 작가들은 같은 빈민굴이나 창부가나 선술집 거리에서 재료를 줍더라도 그네의 생활면은 훨씬 넓고, 깊고 아름다우니까 마음대로 요리할 수 있지만은 조선이야 너무 단순하고 깊이가 없고…. 밤낮 천편일률, 그저 그렇지요.

모윤숙 나는 빈민굴에는 일찍이 가보지 못했지만, 간도에서 교원 노릇을 할 때에 바가지 달아매고 노새 등에 할머니 앉히고 호지[胡地, 중국 동북 지방]로 생활의 근거를 찾아가는 이주민들의 생활을 본 일이 여러 번 있었지요. 저녁 황혼 때 용정龍井 앞내 강변인 해란 강가에 나앉으면, 황토색 얼굴들을 한, 주름살이 가득 잡힌 조로한 장정들이 노유[老幼, 늙은이와 어린아이]를 끌고 북으로 자꾸 들어가는 그 이사꾼의 자태를 볼 적마다 여러 가지를 생각하였어요. 그리고 그네의 실생활을, 관념적이 아니게, 진실로 보고 캐고 하여보고 싶은 생각이 불붙듯 났었어요. 그 비참에 깎여

찌그러지면서도 그 일군 속에는 텍사스를 찾아가는 인디언 족속 같은, 살려는 생명력이 구불구불 물결치는 것을 볼 수 있었어요. 그 생명력에 접해보고 그 고민을 같이 고민하여 보고 싶었어요. 이 속에서 다만 내게 재분이 있었다면 참으로 일세를 울릴 걸작이 나왔을 수 있었으련만….

김동환 결국 네 분이 모두 현실, 그 중에도 모든 악과 무지가 용솟음치는 하층 계급의 생활상에 직면하여서 그를 응시하려 드는 태도구먼요. 잘 알았어요. 그 태도가 믿음직하여요. 그다음엔 또한 현세의 모든 비참과 죄악이 모여 있는 심연이라 할 재판소 법정과 창부가를 캐본 적이 있었나요? 염상섭 씨의 「검사국 대합실」 같은 작품이 그가 신문기자로 법정에 다닐 때에 얻은 재료로 되어졌듯이….

노천명 저도 《중앙일보》 기자로 있을 적에 이수탁의 공판* 광경을 일부러 찾아가서 본 적이 있어요. 그때 저는 범죄 사실과 피고의 답변을 듣고서 몹시 흥분되어지더구만요. 축첩 제도라든지, 그렇게 되기까지의 그 피고들의 심리상태 등, 이것은 시나 소설에 쓰고 싶다기보다는 무슨 논문의 형식을 빌려 꼭 쓰고 싶은 충동을 지금도 갖고 있어요.

모윤숙 취재하기 위해서 일부러 법정 기록을 뒤지거나 용수 쓰고 드나드는 죄인을 보려 나다닌 적은 저는 없으나, 『죄와 벌』에 나오는 대학생 라스콜니코프의 체험 모양으로,

* 전라북도 익산의 백만장자 이건호의 외아들 이수탁이 아편으로 아버지를 독살한 혐의로 8년 동안 재판을 받은 '이수탁 살부 공판'을 이른다. 증거불충분으로 무죄를 확정받았다.

어떤 때는, '내 몸이 아주 중죄를 지어서 무기형을 받거나 사형 선고를 받고서 생의 애착에 몹시 고민하는 그런 경지를 걸어보았으면….'하는 충동을 가지는 때가 있어요. 포리[捕吏, 조선 시대 포도청이나 지방 관아에 속해 죄인을 잡는 일을 하던 하급 관리]에 주야로 쫓기거나 천일[햇볕]을 못 보는 거리로 피해 다니는 공포와 전율의 시간, 고민과 절망의 심경, 이런 체험을 가져보았으면 거기에서 위대한 작품이 써질 것 같아져요. 저는 원래 미지근한 생활이 싫어요. 그런 성격도 싫어요. 아주 귀족이 되든지 그렇지 않으면 몸에 남루를 걸친 유고[빅토르 위고]의 『노돌담 곱사등 사나이[노트르담의 꼽추]』 같은 거지의 생활을 하고 말든지, 한 개의 여성으로서도 프리마돈나나 비아드릿치[베아트리체]가 되든지 그렇지 않으면 아주 창부가 되어버리든지…. 어쨌든 덥지도 차지도 않은 중간적 소시민 생활이 정말 싫어요. 그런 심경도 싫어요. 그런 까닭인지, 큰 중죄수가 되어 고민하다가 민절[悶絶, 괴로운 나머지 기절함]하는 그런 심경으로 한번 지내보고 싶어요. 간절히.

이선희 그러나 직접 자기가 죄를 지어서 울고 부르짖고 그래야 갓주샤[카츄샤] 같이 세상을 저주하고 타매[경멸하고 욕함]하고, 허무성을 띠게 되지, 제3자로 앉아 사진사가 사진틀을 쥐고 이리저리 사진을 찍으려 들듯이 그런 관조의 태도로써 이 심리 저 심리를 체험하여 보려 하여선 정말의 고민이 생기지 않고 말걸요. 그는 작가들의 말하는 관조요,

향락에 불과하니까….

최정희 그렇지요. 그런 여유가 있나요? 소설가가 가령 재판소에 가서 "너는 10년 징역에 처한다."하는 선고에 울고 돌아가는 여수女囚를 보았다고 그 여수의 심경 그대로를 체험했달 수도 없고 해지지도 않겠지요. 스릴을 느낀다거나, 남의 죄를 향락할 수는 있을지 모르지만…. 나도 아무 일도 못 치고 전주에 가서 한참 고생해 본 일이 있었는데 그 무명[無明, 진리를 깨닫지 못하는 마음 상태], 그 절망의 심리란 것을 저 자신이 죄수가 되어 보지 않고는 몰라요. 딴 말이나 그때 동방하였던 여수들의 비참한 이야기를 많이 들었는데, 거기에는 어린 남편에게 시집 일찍 갔다가 성의 불만으로 본부[本夫, 본남편] 독살의 죄를 지은 이, 영아를 압살한 여학생, 절도, 방화 가지가지 죄수들이 있었어요. 그리고 간음죄가 가장 많더구만. 그네들은 성의 투쟁과 식물[食物, 먹을거리]의 투쟁으로 말미암아 최후에 이 비참한 말로를 겪더군요. 나는 거기 있는 동안 '무엇이 그 여자를 그렇게 만들었는가?何が彼女をそうさせたか*'하는 명제를 풀어보려고 풀어보려고 가진 애를 쓰다가 끝끝내 풀지 못하고 나오기는 했지만…. 어쨌든 여류 작가층도 인생의 맨 밑바닥인 이런 곳을 자주 다니면서 『죄와 벌』을

---

* 일본의 소설가, 극작가인 후지모리 세이키치(藤森成吉, 1892-1977)가 1927년 발표한 연극. 1930년 영화화되어 큰 성공을 거두었다. 주인공 나카무라 스미코는 부모가 자살하여 고아가 된 후 여러 가지 비극을 겪는다.

생각도 하고 그를 작품에 부절히 올려야 할 것 같아요.
늘 온실에만 있지 말고, 꿈과 로-맨스에만 살지 말고요.
우리의 시야를 좀 넓히고, 또 작품의 폭을 훨씬 넓혀야 할
것 같아요.

김동환 빈민굴과 법정도 그렇거니와, 그러면 기녀들의 사회를
한 번 엿본 일이 있습니까. 이태준 씨의 『황진이』라거나,
춘원의 『무정』의 박영채에게서 받는 그런 기가妓家 정조를,
그 생활면을 작품에 올려보고자, 어느 기녀를 찾아간 일이
있어요?

이선희 옛날엔 설도나, 황진이나 모두 시조 짓고 사군자 치고,
가야금 고르고 거문고 뜯어 그윽한 향기가 얼굴과 마음에
흐르고 있더라지만 근래엔 기생은 있어도 명기는 없다 할
것 같아요. 요염한 육체는 있어도 풍취를 이해하는 정신은
정말 없는 듯해요. 그러니 그렇게 높이 평가가 되지를 않아
찾아가고 싶지도 않고….

노천명 그리고 어떻게 세기말적인 산물 같아서 협기 있고,
예술을 알고 그네들과 마주 앉아 문학으로 더불어
이야기하려는 욕망이 애초에 일어나지 않아요. 어쩐지
그분들은 기분적이고, 데카당이고 안다 하는 그 신문화란
것도 어설퍼서, 그저 남성들의 농완물 노릇이나 하는 것
같아요. 정말 그네들에게 정신생활이 있을까요, 종교나
예술에 반해 사는. 이렇게 그네의 생활부터가 호감이 가지
않으니깐 이해하려고도 싶어지지 않아요.

최정희 그러나 창부 생활이란 심각할 것 같아요. 그네들이 되고 싶어 된 것이 아니라 현실의 여러 가지 사정으로 말미암아 아프고도 괴로움의 심연인 줄 알면서도 그런 윤락의 시장으로 매녀賣女가 되어 탕아의 품에 몸을 던지는 것이 아닌가요? 그러길래 그네들의 가슴속엔 무엇인가 깊고 넓은 일면이 있을 것 같아요. 기생도 정도의 차는 있겠지만 그 속에 순정한 분도 있겠지요. 눈물도 한숨도 남달리 가진 그런 이가 없을 수 있나요.

이선희 있다손 치더라도 현미경적 극소수의 존재겠지요. 그리고 첫째 기녀의 집으로 찾아갈 수가 없어서 우리들은 잘 알 수 없다 할밖에…. 남자들 같으면 "월향이, 춘심이." 하고 그네들 문턱을 찾을 수도 있으련만.

모윤숙 나는 악마적인 창부의 그 뇌수를 해부하여서 인도적 감정으로서, 그래서 사회 제도의 비판에까지 그 결론이 한 번 미치게 생각하여 보고 싶어요. 얼굴과 태도가 아름다우니까 남성을 유혹하는 것인지 선천적으로 그런 악마성을 띠고 났으니까 그런 탕아의 사회에 어울리는 것인지요…. 이태준 씨가 쓴 『황진이』 같은 기녀에게도 퍽 많이 말해보고 싶은 점이 있지만도.

이선희 어쨌든 지금 경박한 이 사회에선 '미녀 즉 명기'식이니까 여자도, 또 그를 치켜올리는 남성도 모두 천박한 것 같아요. 우리 집 근방에 있는 어떤 기생도 예전엔 장안 명기라더니 늙으니 찾는 사람 없습데다그려. 남성들의 즉물주의에도 놀라지만 기녀의 무자각에도 또 놀랄 일 아녀요?

김동환 대관절 기녀 사회에 접촉하고 싶기는 해요?

이선희 알고야 싶지요. 그리고 그 속에서 행여 금세의 황진이 같은 여성을 하나둘 찾아내고 싶은 생각이야 가득하지요. 작가의 욕심으로서…. 그러나 그렇지만….

2. 세기의 히로인은 어떤 조건 갖춘 자들인가요.

김동환 춘원이 붓을 들면 반드시 그 작품의 주인공을 그 세기의 이상형의 인물에서 찾아 그려 거기에는 반드시 이상주의자요, 인도주의자가 주인공으로 등장하듯 또 로맹 롤랑의 '장 크리스토프', 위고의 '장발장', 도스토옙스키의 '카라마조프', 아르치바세프의 '사닌', 트루게네프의 '루진'*같은 영웅형이 나오듯 이 모양으로 여러분이 그 작품의 주인공으로 시대의 히로인을 골라 본다면 어떤 남성들을 붙잡겠어요? 그 남성의 영상을 한 번 그려보아 주셔요. 이 말을 뒤집어 말씀하면 여러분의 흥미를 끄는 남성이란 어떤 이예요? 물론 작품 가운데에 담을 인물로써요.

노천명 저는 이렇게 봐요. 적어도 우리들 여성의 눈에 비쳐지는 한, 저 거리의 끽다점에 출입하는 여러 남자들은 시대의

---

* 원문은 로맨-로-란의 '짠, 크리스톱', 유-고의 '잔팔찬', 트스토엡스키-의 '가라마좁', 알, 티파세-프의 '싸-닝', 트루게넵,프의 '루진'이다.

히로인이 될 수 없다고 생각해요. 무의지한 것 같고 속이 비고 경박한 것 같고. 그 속에서 사회의 지도적 청년을 찾자면 천만 몽상일 것 같아요. 전진적의 남아는 그 속에 없는 듯해요. 그러니 끽다점에 모이는 남성 속에서는 우리가 이상하는 남성의 타입을 찾아낼 수 없어요.

김동환 그럴까요? 그러나 거리의 다방에서 찾아지는 남성 속에는 가장 양심적이고 지식 있는 무리들이 있지 않을까요? 이 사회에서 그래도 이 땅의 예술과 문학을 이야기하는 지식군이 있다면 그들은 다방에 모이는 무리들이 아닐까요? 이 시대의 고민을 가장 심각하게 느끼는 이들이 또한 거기에 모이지 않을까요? 비록 빈약한 체격과 가난에 쪼들린 상을 하고 있으면서도, 가장 고결 청정한 분자들이 그로 출입한다고 볼 수 있지 않을까요?

이선희 그렇더라도 마치 그분들이 일세를 대표하여 주는 듯한 그 고민도 심각한 것이 아니고 또 종교와 예술을 화제로 하여 정신생활이 무엇인지를 말하는 일군이 그이라 할지라도, 그네의 아는 것이란 그리 깊은 것이 되지 못하는 것이 아녀요? 어쨌든 의지력이 빈약한 청년들이 모이는 곳이라 할걸요. 적어도 행동적이 못 되는, 다방뿐 아니라 빠-나 카페나 요리점에 드나드는 남성군이 다 그렇지 않을까요. 우린들 일이 뜻대로 되지 않고 불우하여 시정 주사에 일부러 빠지는 강개 남아를 모를 리 있으랴만, 아무래도 지금의 현상으로는 그런 뜻깊은 남성들은 그 속에 없는 듯해요.

김동환 그러면 어떤 곳에 있어요?

모윤숙 (생략) 나도 동감이어요. 작품의 히로인으로 말고라도 현실적으로, 한 시대의 생명을 완전히 주관해 줄 만한 그런 굳센 남성이 이 시대에 있어서는 좀처럼 찾기 어려운 듯해요. 그렇다고 제가 말하는 그런 남성이 돈 있거나 지식이 있는 그런 청년을 가리키는 것이 아니고, 현실 생활은 극히 비참하더라도 미래에 큰 희망을 품고 사는 그 웅건한 사람, 기개 있는 사람, 오늘보다도 내일 날에 살려는 사람, 그런 사람이 열렬히 동경되지만요.

김동환 좀 더 구체적으로 예를 든다면?

모윤숙 신라사 속에 나오는 저 화랑 같은 이 말이지요. 세상이 잘 되기 위해서는 제 생명을 초개[지푸라기] 같이 버리고, 또 협기 있어 옳은 일이면 침식寢食을 잊고 돌아다니고, 풍류를 알고, 헌헌 장부고.

김동환 활도 쏘고, 말도 타고.

모윤숙 그럼요. 시도 읊고, 노래도 부르고, 또 무사武士고….

이선희 또 꿈이 나오는구만. (일동웃음)

최정희 요컨대 경박 재자층은 아니고 그 성격에 깊이가 있고 협기 있고 대의에 목숨을 버리고…. 이런 분이 어느 거리, 어느 모퉁이에 계실는지 모르지만 우리들 여성이 동경하는 이가 그런 이일걸요. 그분이 니힐니스트라도 좋아요. 그는 금일엔 실망하고 있으나 반드시 명일의 건설에는 열을 내고 덤빌 터이니까….

3. 민요와 시조와 역사 소설에 대한 태도

김동환 홍명희 씨의 『임거정전』, 김동인 씨의 『젊은 그들』, 박월탄의 『금삼의 피』, 춘원의 『이차돈의 사』, 『단종애사』, 『마의태자』 등 우리 문단에서 바라보면 역사 소설이라 할 분야에서 좋은 작품이 많이 나왔는데 오늘의 현실이 차츰 까다로워져 감에 따라서 작가들은 차라리 그 역사의 광맥 속으로 붓을 지니고 따라 들어감이 옳지 않을까요.

이선희 그것은 무리해요. 저는 세 가지 이유로 무리하다고 보아요. 즉 첫째 역사 문학을 가지고는 현대와 같이 복잡다단한 사건을 구성시키기가 힘들 것이요. 둘째는 현대 작가로서 대개 역사에 대한 지식이 빈약한 것. 셋째 역사의 선으로 자꾸 올라만 가면, 저절로 옛 도덕률에 잡히기 쉬워져 또 한갓 충신, 효자, 열부를 그리기에 그치고 말 것 같은 위험이 있는 것. 이러하니까 비록 공상과 어떤 제약을 피할 천지는 있다 하되 야담류에 떨어질 위험 있는 역사 소설은 역시 일부 작가에게만 맡기고 말일이지요. 일반적으로 현역 작가더러 그 길을 밟으라 할 수는 없지요.

최정희 그렇지요. 역사 소설 쓸 자격 있는 이라면 역사부터 알아놓아야 할 것이니까 김동인, 홍명희, 이광수 등 몇몇 분이나 쓸 일이겠지요. 그러나 그런 야심은 우리도 가져요. 『마의태자』를 보든지 『이차돈의 사』를 보든지 그렇게 아름다운 좋은 재료가 옛 부조[父祖, 조상]들이 살던 사회 속에 있는 데에는 황홀해져요.

이선희 남들이 써놓은 것에는 실로 황홀해져요. 옛 정조도 알게되고….

모윤숙 산 생동의 미는 오히려 역사를 파고 들어가는 데 있을걸요. 우리들 현실 생활이 너무 빈약하니만치.

김동환 민요나 시조는 어때요? 더구나 시조형을 답습하자는 문제 같은 것은?

노천명 저도 처음엔 퍽 흥미를 가지고 고시조도 감상하노라 했고, 또 그 흉내를 내어 7·5·7·5식으로 초중종 3장형을 지어도 보노라 했었지요. 그렇지만 옛시조에 담긴 사상, 감정은 대개가 음풍영월[맑은 바람과 밝은 달을 대상으로 시를 지음] 식이요, 템포가 느리고 유연견남산悠然見南山* 식이에요, 그래서 과학적이요, 현실적이요, 긴 호흡을 담을 수 있는 현대시에 비할 것이 못 되는 줄 알았어요.「저 건너 갈비봉에」 운운하는 민요도 그렇지요, 어쩐지 현실 생활과 유리된 감정과 격조가 담긴 것 같아요.「백구야 껑충 뛰지 말라」 운운이나「노고지리 우지진다」라거나 다 어쩐지 흙 속에서 나온 노래 같지를 않아요. 더구나 시조의 그릇은 작어서 마음대로 시상을 담을 수가 없더구만. 조그만 대신에 아담하고 흠이 없어서 예쁘기는 하지만도, 고저장단,

---

* 중국 진晉나라의 시인 도연명(陶淵明, 365-427)의 시「음주」 중 제5수의 유명한 시구. 멀리 남산을 바라본다는 뜻.

늦추고 조르고를 제 마음대로 할 수 있는 신시에 비할 수가 아무래도 없는 듯해요. 마치 서울 양반집 반상이 7첩, 8첩으로 반지르르하게 가지가지로 가짓수만 많게 외형만 버젓하게 곱게 차려놓되 정말 젓가락을 들고 집어먹을 것이 많지 못하고, 오히려 시골 농가의 밥상이 조밥에 된장국에 무에나 함부로 반찬도 주워 놓은 듯한 것이 도리어 구수하고 더 맛난 모양으로, 시조와 신시를 비하면 어쩐지 그런 차이가 있는 듯해요.

모윤숙 다만 고시조를 자꾸 읽고 듣고 외우는 데서 좋은 어휘를 많이 찾아낼 수 있고, 또 고대인들이 가지던 그 고풍적 고전적이던 그 중세기식 거칠 것 없는 정서를 흡취할 수는 있어요. 그러나 시형이 작아서 마음의 율동을 마음대로 담을 수 없다 할밖에 없을 테지요.

4. 중견이라 할 현역 작가는 누구누구인가요?

김동환 지금 문단에서 활약하는 중견 작가의 작품과 약 10년 전 이 땅 문학이 정열적으로 개척되고 건설되고 발전되던 그 연대의 작품과 비하여 보건대 어느 쪽이 더 낫습니까. 다시 말하면 조선 문학은 10년 전에 비하여 진보하였는가요?

이선희 유감스럽고 한편 분하기도 한 일이지만 그 전만 못한 것 같아요. 훨씬 못해요. 그때의 작품을 지금 꺼내 읽어도 참으로 좋아요. 금일의 중견 작가들 작품은 그때 것만한 깊이를 가진 것이 없다고 보아요.

최정희 어릴 때 읽어서 그런지 춘원의 『개척자』, 『무정』 같은 초기의 작품, 염상섭의 『표본실의 청개구리』, 『해바라기』, 『만세전』, 풍허[현진건]의 『조선의 얼굴』, 『지새는 안개』, 나도향, 최서해 모두 다 좋았어요.

모윤숙 낫고 말고요. 그밖에도 김동인의 『태형』, 『감자』, 『목숨』 모두 다 좋았지요. 더구나 도향의 『환희』와 같은 것은 참으로 좋았어요. 시도 그렇지요. 그때 작가들에게는 정열이 흘렀어요. 정열적인, 숨막힐듯이 담기는 조선 정조가 어느 시편에나 만편으로 흘러 있었지요. 또한 소월 등, 더구나 소월의 그 『금잔디』, 『기다림』이나 노작[홍사용]의 민요든지 그렇게도 나이브하고 프레쉬한 작품이 다시는 있을 듯싶지 않아요. 지금 읽어도 못내 잊혀지게들 그렇게 좋아요. 예술적 향기가 참으로 높고 깊어서 놓기 싫어요.

노천명 그래요. 현대 작품에도 좋은 것이야 있겠지만 전체적으로 볼 때에는 《창조》, 《백조》, 《폐허》 시대의 작가와 작품이 낫다고 할걸요. 더구나 시단에 있는 한 더욱 그래요. 현대 시인들이 쓰는 시를 보면 기교만 발달하여 물샐틈없이 만들어 놓았지만 생동하는 맛이 없어요. 예전 시같이 호흡이 크고 생명이 뛰는 시를 찾아낼 수 없어요. 그 때 시는 시 뒤에 시가 있었지요. 조잡한 듯하면서도 거기 숨쉬는 기맥이 흘러 있었지요. 요한 씨의 「불놀이」나 이상화 씨의 「마돈나」 같은 것들, 한용운 씨의 여러 편들, 임화 씨의 「오빠와 화로」들. 거기 비하면 금일의 시인은 저만 좋으면 좋다는 식으로 저 스스로 제 기교에 도취하여, 흥분하고 말지요. 독선적이고, 소형이라고 보여져요. 깎고 비틀어 놓아 만든 듯한 그 작위가 싫어요. 그러기에 대체로 10년 전의 기백을 오늘의 시인에게선 찾을 수 없어요. 시대성도 무시할 수야 없겠지만….

김동환 그는 흥미 있는 관찰입니다그려. 그런데 이번에는 여러분이 인정하는 바, 현대의 중견 작가들을 들어보셔요.

모윤숙 시단에는 정지용, 백석, 김동명 등 소설에는 돌아갔지만 김유정 씨, 그리고 이태준, 박태원, 유진오 씨 등등이지요.

이선희 대개 보는 법이 같을걸요. 저도 그렇지요. 이태준, 박태원, 이효석, 이무영, 유진오, 채만식, 엄흥섭 제씨들이지요.

최정희 저두 그래요, 그 외에 한설야 씨도 중견 작가지요.

김동환 천명 씨는?

노천명 글쎄요…. 저는 그저 염상섭, 김동인, 현풍허 시대만 못하다고만 말씀해 두지요.

김동환 그러면 이번에는 춘원의 여러 작품 중, 여러분이 보기에 대표작이라고 고를 것이 어떤 것들입니까. 되도록 현대물 하나, 역사물 하나 식으로.

노천명 남들은 『개척자』가 좋다지만, 저는 철난 뒤 다시 한 번 읽어보아도 그 작품은 그렇게 좋은 대목이 찾아지질 않아요. 원래 거장의 작품이니만치 그야 독자를 조금도 피로케 하지 않고, 회화가 선선하고 힘들지 않으면서도 빛나는 문장 등, 더 말할 나위 없지만도….

모윤숙 사건에도 퍽 흥미를 주는 것이 많지요. 일관한 숭고한 그 정신에도 머리가 숙여지고.

김동환 개개의 작품을 지적하여 주셔요. 대표작을.

모윤숙 역사물로는 아무래도 『단종애사』가 최고봉일걸요. 현대물로는 『흙』이고요.

노천명 역사물로는 『단종애사』를 들고 싶고 현대물로는 역시 『무정』이지요.

최정희 저는 다 읽지 못해서 모르지만 『유정』이 좋았고, 역사물로는 물론 『단종애사』일걸요.

이선희 나는 그렇게 보지를 않아요. 역사물로는 『마의태자』요, 현대물로는 『그의 자서전』이 좋아요.

김동환 그러면 이번에는 우리 문단에서 최근에 읽은 것 중 가작이라 볼 것이 어느 작가의 어느 작품들인지 말씀하여 주셔요.

이선희 이상의 『날개』, 김유정의 『봄, 봄』, 이태준의 『황진이』.

최정희 김유정의 여러 작품과 이상의 『날개』, 김동리의 『바위』와 『촉루』, 조선일보 당선작 『남생이』.

노천명 백석 시집에서 산나물 냄새 같은 향토미를 찾아서 좋았고 박태원 씨의 『천변풍경』에서 취재가 좋았던 것을 취합니다.

모윤숙 이무영 『정열의 서』, 김유정 『봄봄』 대개 이러하여요.

5. 평론가를 작가 비평하여 보셔요

김동환 여러분이 혹은 소설가로, 혹은 시인의 지위에 앉아서 현 평단의 인물들을 바라보며 대담하게, 솔직하게 그들을 비평하여 보셔요.

이선희 역시 평단의 권위는 박영희 씨예요.

김동환 자기 작품에 대하야, 비평하여 준 것에 감복한 예가 있습니까?

이선희 여러 번 있지요. 그분의 말씀을 듣고 내가 쓴 작품을 다시 한번 회상할 때 중심으로 반성을 느끼는 대목이 여러 번 있어요. 이렇게 개인적 사건을 떠나서라도 역시 그분에게는 깊은 학문과 정당한 감상력이 있어요. 선배로, 대가로 존경하고 싶어요.

김동환 그것은 예나 지금이나?

이선희 예전보다는 권위가 좀 떨어졌다 할걸요. 예전 카프 전성시대의 그의 붓은 날카로웠고, 훨씬 전진적이었지만, 그 뒤 그리된 뒤*부터는 그 붓날이 조금 무디어졌어요. 그리고 작품을 보는 관점이 달라졌더구만요. 예전에는 사회적 정의를 제일 의義로 치더니만 지금은 심경이 변했음인지 예술 지상으로 기울어지는 듯해요. 아무튼 이러나저러나 씨의 논조는 정확하여, 작가를 경복케 하는

---

* 박영희(시인·소설가·문학 평론가)는 1931년 제1차카프검거사건으로 수감되어 석방된 뒤로 카프의 좌경향에 회의를 품다가 1933년 12월 카프를 탈퇴했다. 1934년 1월 《동아일보》에 「최근 문예이론의 신전개와 그 경향」이라는 전향 선언문을 기고하며 공개적으로 카프를 탈퇴했다.

데가 있어요. 또 우리 평단에 있어 공덕도 제1인자라고 할 뿐이지요.

김동환 그 외의 분으로는?

이선희 백철 씨에 대하여 말씀하지요. 씨는 '성림成林 비평가'라나 할까요. 그의 글을 보면 무슨 말을 하려 한 것인지 너무 갈래가 많아서 마치 무성한 삼림 속으로 독자를 끌고 들어갔다가 돌아 나올 길을 못 찾게 하는 듯하지요. 그 주의 주장도 일관치 못하여 권위가 없어요. 이렇게 논조가 복잡다단하고, 주장이 변전 무쌍하건만 다만 학문에 대한 그 정열에만은 경복합니다. 그리고 김문집 씨, 이분은 엄정히 말하자면 비평에 사감을 많이 섞고, 논조에 객설이 많아서 정통 비평가라고는 볼 수 없지요.

모윤숙 저는 제 개인의 일로 비평받아보기는 『렌의 애가』를 내놓았을 때 유진오 씨가 신문에 평필을 잡았는데, 사랑에 대하여 육체를 부인하는 그 정신을 도무지 이해할 수 없노라 하였으나 그 외의 말은 모두 경청할 논지였었고, 또 시집 『빛나는 지역』을 내었을 때 김기림 씨가 썼는데, 잘 이해해 주셨으나 씨는 나더러 개성을 너무 고조하여, 뮤-즈 시대에 속하는 시라고 하고, 될수록 그 태도를 고치라고 해주었으나 그는 근본적 예술관의 문제니까, 고칠 생각은 아니 하였어요. 그런 점으로 비록 내 작품이 푸대접받고, 하대 받는 대도 그는 할 수 없는 일이지요.

김동환 일반적으로는 어때요.

모윤숙 결국 평가의 글에서 계몽 주는 것이 있어야 그를 권위 있는 평가라고 치게 되겠더군요. 그리고 둘째 조건으로는 작자의 심정을 완전히 이해하여 줄 것과….

김동환 그러니까, 어느 평가는 어떻더라고 치켜올려 세우기도 하고 깎기도 하고 그런 말씀을….

이선희 평문으로는 이원조 씨가 가장 선명할걸요.

노천명 저는 이번 『산호림』의 평집을 내었을 때 이원조, 최재서 두 분이 붓을 들어주셨는데 내 심경을 모두 잘 이해하여 주었더군요. 두 분 글에는 신임하는 생각이 들어요. 최재서 씨는 양심적이고, 이원조 씨는 날카롭고.

최정희 평론가 중엔 박영희, 임화, 이원조 제씨의 지시가 좋을 듯하나 전 평론가가 지면상에 불친절하게 쓰는 평보다 작가가 사석에서 일러주는 부탁이 더 효과적이라고 생각됩니다. 그리고 김문집 씨에 대하여는 씨는 작품의 흠점을 집어내는 데 있어선 명의가 핀셋을 들고 흠을 집어내듯 참으로 천재적이요, 직각적인 점이 있어요. 작품 보는 데는 과연 귀신이어요. 그러나 씨의 비평은 사석에나 앉아 들을 일이지, 지상에 공개한 평필을 붓 잡기에는 너무 개인감정에 치우치는 데가 있어 전체를 상하고 마는 위험이 있어요.

노천명 참으로 그래요. 그이는 재인의 기질이 있는 데는 보이나 가다가 사감을 끼우는 데는 딱 질색이어요. 날카롭기는 몹시 날카로워서 짚을 데를 꼭꼭 잘 집어내지요. 그렇지만

정희 씨 말 모양으로 사감을 끼워요. 저 장혁주 씨에 대한 태도라든지 유진오 씨 작품에 대한 태도라든지! 그것이 싫어요.

이선희 그렇지요. 날카롭기는 하나 그 평문엔 결점이 많아서 본격적 비평가라고는 아무래도 할 수 없을걸요.

모윤숙 여러분 보는 것이 내 보는 것과 거지반 같아요. 어쨌든 김문집 씨란 불가사의한 인물이요, 무슨 일이든지 장차 저지르고야 말 사람같이 보여요. 그가 작품에서 예민하게 좋은 대목, 궂은 대목 집어내는 독특한 점이라든지 직각적인 그런 점 다 좋아요. 그러나 그 비평문을 가만히 보면 벌려만 놓고 미처 뒷수습을 다 못해 망설이는 것 같아요.

김동환 오랫동안 말씀하여 주셔서 감사합니다.◆

삼천리 제12권 9호
1940년 10월 01일

여성이 본 '남자의 일생', 남성이 본 '여성의 일생'

여성이 본 '남자의 일생'

대체 남자들은 얼마만한 행복과 자랑을 가지고 있는고. 같은 남성끼리는 잘 모르나 여성이 보면 그럴듯하게 알려질 듯해서 여기 복혜숙 씨의 '아관[我觀, 내가 본] 남자의 일생'을 보기로 한다.

거드럭거려요[잘난 체하며 거만하고 버릇없이 굴다]

복혜숙(영화배우·성우)

사람이 고고지성을 내고 이 세상에 출생하면 우선 아들인가

딸인가를 살펴봐서 아들이면 퍽 반가워하고 자랑하지만, 딸이라면 섭섭해하고 원통히 여깁니다.

이리하여 남자는 이 사회에 낙지[落地, 세상에 태어남]할 때부터 벌써 숙명적으로 존중을 받는 모양입니다.

차차로 성장하여 여러 남매가 한 데서 자라게 되어도 반드시 우선권은 아들에게 있어서 여자 된 설움은 어려서부터 받게 됩니다. 장난감을 사도 아들을 먼저 좋은 것으로 골라 주며, 옷감을 끊어도 값나가는 것을 아들에게, 먹을 것을 주어도 맛있는 것은 아들에게. 이와 같이 만사가 아들만 위하는 남자 본위입니다. 어른들이 그러하니까 사내애까지 덩달아 찡찡대지요.

계집애는 사람이 아닌지 갖은 구박과 천대는 죄다 여자에게로 돌아옵니다.

"계집애가 아무것이나 먹지 무슨 음식 타박이야."

"그까짓 딸자식 아무리 잘 가르쳐도 남의 집 줄 걸 아무렇게나 이르지."

이렇게들 알게 되니 억울합니다.

딴은 그렇게 아들을 소중히 여기는 것도 무리는 아니겠지요. 아들 하나 낳으면 으레 남의 집 딸 하나가 장차 저절로 생겨날 터이니까 한 번에 두 사람 몫 벌어놓은 셈이니까요.

결혼만 하여도 그렇지요. 남혼[男婚, 아들의 혼인]에는 며느리와 함께 가구, 금침[衾枕, 이부자리와 베개], 잡복雜服이 생겨서 집안에 웃음이 넘치는데, 여혼[女婚, 딸의 혼인]에는 한밑천 장만하여 준 채 딸자식을 빼앗기게 되니까 보내는 사람, 가는 사람이 눈물로 며칠 지내게 됩니다.

가정을 이룬 후에는 더욱 심각하지요. 남자들이 자기 본위로 꾸며 놓은 사회니까 모든 것이 남자 제일주의 남자 지상주의입니다. 대문에 붙인 문패부터가 남자 명의지요. 사랑이니 서재니, 응접실이니 웬만치 깨끗하고 밝은 방은 죄다 남자가 차지하고, 안방 부엌, 광, 헛간 등 지저분하고 컴컴한 방만이 여자 차지올시다. 추한 말이나 변소까지도 남자들은 대변소, 소변소 두 가지로 나누어 넓은 면적을 점령하고 있지 않습니까.

일상생활에 있어서도 권리란 권리는 남자가 다 독점하고 의무나 노역은 여자에게로 돌려 보내어 일평생을 남자 뒤치다꺼리로 보내게 합니다. 여필종부하고 부창부수하는 것이 동양 도덕의 부도[婦道, 여자로서 마땅히 지켜야 할 도리]라고(이것도 아마 남자들이 제정한 도덕관념인 것이 분명합니다) 고래로 일컬어 내려와서 남자의 횡포와 방자는 날로 조장되고, 여자의 학대와 유린은 더욱 심해 갑니다.

근래에 와서 남녀평등과 기회균등을 주창하는 여성 동지가 있으나 남자들은 귀도 기울이지 아니하고 이러한 운동을 박해할 뿐입니다. 그래서 가련한 여성은 언제까지나 부엌 구석에서 부지깽이나 쑤시고, 빨래, 바느질로 일평생을 마치고 맙니다.

남자들은 놀고 싶은 대로 나돌아다니고 여자는 만년 안방 귀신이 되어야 하니 억울하지 않습니까.

남녀차별은 철두철미까지 철저하여 죽음에 있어서까지 달라서 부재모상父在母喪에는 에누리를 하여 3년을 1년으로 할인하고,

모재부상母在父喪에는 보통과 같이 3년이올시다.

뿐만 아니라 여자에게는 생산·육아라는 중대한 임무가 있습니다. 어찌 자손번영의 책임을 여자에게만 편중하게 부과하였는지 조물주까지 원망스럽습니다. 인위人爲를 초월한 자연의 배치가 벌써 이러하니 여자의 굴욕은 숙명적이라고 하겠습니다. 숙명이라고 깨닫고 단념한 다음에는 여자 됨이 서러울 것도 없고 남자가 부러울 것도 없이 현실에 만족하여 살아가는 수밖에 없을 줄 압니다.

남성이 본 '여성의 일생'

어디 가 앉아도 안기는 손님은 여성일래라. 그 치마꼬리 끝에 코끼리도 맬 수 있지만 한다 하는 유염 남아도 매고 끌고 다니는 것이 여성의 매력이 아닐런가. 이제 유모아 만문 만화가 최영수 씨로부터 '여자의 일생'을 찾기로 한다.

우렁이 속 같다

최영수(만화가·언론인)

속담인지 이언[俚諺, 항간에 퍼진 속담]인지는 모르나 항용 들리는 말에 '여자의 생애는 우렁이 속 같다.'라는 말이 있다. 우렁이를 잡아도 보았고 또 먹어도 보았지만, 그 현갑 속의 조직 형태를 알 길이 없는 것이 마치 허다한 여자의 생애와 동거하면서도 그 정의적定義的인 진리를 포착지 못한 것과 같다.

'여자'와 '비밀'이 전생에 무슨 연분을 가지고 생겼는지 모르되 '여자와 비밀'하면 가지 속의 가지가 되리만큼 우렁이 속 같은 몽막朦膜 속에 바야흐로 부침浮沈하고 명멸하는 여자의 생애란 과연 영겁의 불가사의일는지도 모르겠다.

그렇기 때문에 여자의 발달이란 곧 비밀의 과학화·조직화를 말하는 것일 게고. 여자의 위대성이란 곧 비밀의 많고 적음에서 결정되는 것이라고 하여서 큰 잘못 없음을 믿는다. 맥이란 묘한 짐승은 꿈을 먹고 사는 데 대하여 비밀을 먹고 사는 여자란 묘한 사람이 있는 것이다.

그러므로 여자의 일생이 비극적인 여운으로서 우리의 고막에 울리는 것이나 또 그래서 느끼는 하나의 흥미를, 곧 비밀의 특수한 매력에 기인하는 것임을 부정할 수 없는 동시에 때로 우리는 여자를 사랑하기 먼저 여자의 비밀을 사랑하는 때가 있는 것이다.

불란서 작가 앙리 드 레니에의 『반면半面의 진리』를 보면 '여자들은 자기 자신에 대하야 인식하는 모든 것을 비밀 속에 싸두려 든다.'라고 했다. 이것은 적어도 여자의 이기주의적인 것을 말한 비밀론일지 모르나 또한 여자의 생애를 때로 규시[窺視, 몰래 훔쳐봄]하려드는 우리들에게 새로운 경고가 아닐 수 없는 것이다.

마치 '네 것이 내 것이오, 내 것이 내 것.'이라는 초이기주의를 적용한 것이 오늘의 여성이 자기 앞에 비밀을 고백할 줄 모르는 남성을 경멸하면서 그 반면 자기의 비밀을 허수히 쏟지 않는 것으로 자랑삼는 것과 같은 것이다. 이것이 소위 현대 여성의 생애 속에서 하나의 지성을 표방한 그들의 시대성이 아닐 수 없는 것이다.

'여자의 비밀이란 폭약과 같다, 정신적인.'라고 한 『근대의 결혼』 속에 슈테켈Wilhelm Stekel의 말을 빌어보아도 얼마나 그 우렁이 속이 무시무시한가를 알 수가 있다.

요새같이 세계 지도의 색깔이 춤을 추는 때에 폭약 얘기를 하면 전율할 사람도 있을지 모르나 과연 여자의 비밀이란 폭약 그것임에 틀림이 없다. 자폭이냐 투척이냐…? 어느 것이든 위험한 것만은 사실일 게고 그것이 연애 전선이나 결혼 전선 내지는 그들의 생애하는 의식 전선에 있어 방비와 개량의 체세를 게을리하지 않는 것만도 또한 사실인 것이다.

여자의 일생이 남자의 일생과 대조적으로 독립되는 하나의 개체라면 물론 이것은 과대망상일지도 모른다. 나의 여성관이 비열하고 흥분할 아가씨도 있을 것이나, 대조적이 못 되는 거기 여자의 별세계가 있고, 그 별세계란 곧 여자가 비밀과 절연하지 않는 한 비극적인 것을 벗어나지 못할 것이다.

물론 여자가 동물원의 원숭이가 아닌 이상 나는 여자의 생애를 규시하려 하지도 않거니와 비판하거나 완상하려 하지도 않는다.

여자도 유령이 아님으로 해서 그림자가 있는 것이오, 물체가 아님으로 해서 동작이 있는 것이오, 금수가 아님으로 해서 언어를 갖고 표정을 가진 것임에는 틀림없을지라도 비밀을 마술하는 특기가 있음으로 해서 때로 유령도 되고 때로 금수의 탈을 쓴다고 한들 이것이 억설로만 미룰 게 아니다.

'여자의 생애는 우렁이 속 같다.'라는 이 평범하고 비속한 말이 오늘날 여자의 생애를 일언으로 표현하는 금언이 아니고 무엇이냐는 이 계리啓理를 믿어보자. 결국은 믿는 것이 죄가 아니다. 여자의 생애가 하나의 비밀을 초점으로 하야 다지다단으로 발족할 때 우리는 얼마나 많은 눈물의 사화史話를 그들에게 들어 왔는가.

가가[呵呵, 껄껄]. 우렁이는 눈물일런가.◆

삼천리 앙케-트

초판 1쇄 인쇄 2019년 1월 23일
초판 1쇄 발행 2019년 1월 30일

발행인 배다혜
편집 만복당 편집부
표지 디자인 윤지은
본문 디자인 배다혜
인쇄제작 씨에이치피앤씨

발행 만복당
출판등록 2018년 6월 26일 제2018-000041호
주소 [05272] 서울시 강동구 상암로251
전자우편 manbok-dang@naver.com
홈페이지 www.manbok-dang.com

12,000원
ISBN 979-11-964607-0-9 (03910)

이 도서의 국립중앙도서관 출판시도서목록(CIP)은 서지정보유통지원시스템 홈페이지(seoji.nl.go.kr)와 국가자료공동목록시스템(nl.go.kr/kolisnet)에서 이용하실 수 있습니다(CIP제어번호: CIP2019000105).